Alan Watts

Lebe jetzt! Der Weg der Befreiung

HERDER spektrum
Band 6137

Das Buch

„Worte drücken nur einen winzigen Bestandteil dessen aus, was der Mensch weiß, denn was wir sagen und denken können, ist immer unermesslich viel weniger als das, was wir erfahren." So lautet der erste Satz von Alan Watts, mit dem dieser Band beginnt. Dahinter steht eine alte mystische Einsicht; dennoch war es Watts ein lebenslanges Bedürfnis, seine Erfahrung östlicher Religionen in Worte zu fassen. Er hat sich so im Laufe der Zeit zu einem Meister in der Kunst des Zusammenführens von Östlichem und Westlichem und der spielerischen Synthese entwickelt.

Die im vorliegenden Band versammelten Texte reichen von der geistigen Durchdringung dessen, womit sich der westliche Leser bei der Beschäftigung mit östlicher Religion und Philosophie konfrontiert sieht, bis hin zu der heiteren Erkenntnis, dass jede Aktivität sinnlos ist, die nicht einhergeht mit der vollen Wahrnehmung des Augenblicks. „Das Tao, der Lauf der Dinge, das ewige Jetzt, die Anwesenheit Gottes – man mag es nennen, wie man will – alles das ist immer jetzt! Über diesen Punkt kann man nicht hinaus, und es besteht kein Bedarf, dorthin zu gelangen, denn man kann gar nicht weg von dort! Das ist schön. Man entspannt sich einfach, und man ist da." Wie die Entspannung in der Meditation zu einem Loslassen aller Ziel- und Zweckhaftigkeit und damit zum Weg der Befreiung werden kann, zeigt dieser Band auf zugleich eindringliche und unterhaltende Weise. Die Auswahl der Texte dieses Buches stammt von Mark Watts, dem Sohn des Autors.

Der Autor

Alan Watts (1915–1973) ist durch seine ebenso verständlichen wie erhellenden Interpretationen östlicher Philosophie für den Westen weltweit bekannt geworden, vergleichbar wohl nur mit D. T. Suzuki. Watts, Sohn eines China-Missionars, war anglikanischer Priester, Professor und Dekan. In zahlreichen Büchern befasste er sich mit der Philosophie des Zen, des Buddhismus und des Taoismus. Zahlreiche Veröffentlichungen, bei Herder Spektrum: Buddhismus verstehen (Band 5567).

Alan Watts

Lebe jetzt!
Der Weg der Befreiung

Herausgegeben von Mark Watts
und Rebecca Shropshire

Mit einem Vorwort von Georges Ingles

Aus dem Amerikanischen von
Bernardin Schellenberger

FREIBURG · BASEL · WIEN

Die Zeichnung auf Seite 6 stammt von Sengai (1750–1837),
Kunstsammlung Idemitsu.

Titel der amerikanischen Originalausgabe:
The Way of Liberation

Titel der deutschen Erstausgabe:
Leben ist jetzt. Das Achtsamkeitsbuch

Neuausgabe 2009

Für die deutschsprachige Ausgabe:
© Verlag Herder GmbH, Freiburg im Breisgau 1998
Alle Rechte vorbehalten
www.herder.de

Umschlagkonzeption und -gestaltung:
R·M·E Eschlbeck / Botzenhardt / Kreuzer
Umschlagmotiv: © Getty images

Herstellung: fgb · freiburger graphische betriebe
www.fgb.de

Gedruckt auf umweltfreundlichem, chlorfrei gebleichtem Papier
Printed in Germany

ISBN 978-3-451-06137-0

*Unseren Vätern
und
unseren Müttern
gewidmet*

*Wenn Sie glauben,
Sie könnten durch Sitzen
Ein Buddha werden...*

INHALT

Zur Einführung, von Mark Watts 9

Vorwort von George Ingles 11

1 Der Weg der Befreiung im Zen-Buddhismus 19

2 Spielen und Überleben –
sind das unbedingt Gegensätze? 43

3 Die Relevanz der fernöstlichen Philosophie 61

4 Die Illusion, sich selbst bessern zu können 79

5 Tschuang-tse: Weisheit mit Humor und Witz 101

Praktische Anleitung zum Meditieren 118

ZUR EINFÜHRUNG

Den Leser erwartet in den folgenden Kapiteln eine kostbare Auswahl von Aufsätzen und nachgeschriebenen Vorlesungen meines verstorbenen Vaters Alan Watts. Sie umfassen das ganze Spektrum seines Wirkens, angefangen mit seinem ersten Essay über den Zen-Buddhismus bis zu seinem letzten Seminar, das er noch wenige Wochen vor seinem Tod im Jahre 1973 gehalten hat. Das gibt einen Überblick über die Einflüsse, die Watts' Philosophie geprägt haben. Gleichzeitig kann der Leser auf einmalige Weise den Erkenntnisprozeß mitverfolgen, den Watts durch sein Werk angestoßen und durch den sich der westlichen Welt eine noch nie dagewesene Sicht des fernöstlichen Denkens erschlossen hat.

Der erste Aufsatz, „Der Weg der Befreiung im Zen-Buddhismus", stammt aus dem Jahr 1955 und ist noch vor Watts' ausführlicherer Arbeit mit dem Titel *The Way of Zen* entstanden. In letztere hat er zwar viele Gedanken aus dem vorliegenden Aufsatz übernommen, aber hier bietet Watts einen erfrischend knappen und inspirierten Zugang zum Zen.

Im Anschluß an diesen ersten Aufsatz zeigt die Nachschrift von Watts' letztem Seminar „Spielen und Überleben", wie sich sein Denken in der gesamten folgenden Zeit weiterentwickelt hat. Man sieht, daß seine Studien der fernöstlichen Philosophie ihre Blüte in einer spielerischen Synthese aus vielfältigen philosophischen Einsichten gefunden haben. Dieses Ineinanderwirken schlägt sich auch im dritten Beitrag über „Die Relevanz der fernöstlichen Philosophie" nieder, in der Watts die fundamentalen Fragen erörtert, welche die fernöstlichen Religionen den vom Christentum geprägten Abendländern stellen.

Beim vierten Kapitel über „Die Illusion, sich selbst bessern zu können" handelt es sich um die Nachschrift einer Vorlesung, in der Watts auf die unvermeidlichen Fragen und Konflikte zu sprechen kommt, die sich aus den Versuchen des westlichen Menschen ergeben, sich selbst zu verbessern, und er versöhnt diese mit dem östlichen Begriff des *wu-wei* oder Loslassens und des Nichteinmischens in die Welt, wie sie ist.

Im darauf folgenden Kapitel, „Tschuang-tse: Weisheit mit Humor und Witz", stellt Watts den chinesischen Philosophen vor, den er für den originellsten der ganzen Philosophiegeschichte hält. Er schildert Tschuang-tses humorvolle Weise, die Zweckfreiheit des Daseins zu betonen; gleichzeitig macht er deutlich, daß alles Tun, das auf künftige Ziele ausgerichtet ist, sinnlos bleibt, solange man nicht den gegenwärtigen Augenblick voll und ganz wahrnimmt und auskostet.

Wie man „in der Gegenwart lebt", wird schließlich auf sympathische Weise im abschließenden Aufsatz „Praktische Anleitung zum Meditieren" beschrieben. Er wird zum Schluß noch in Watts' eigenhändiger Kalligraphie geboten, der eine seiner Zeichnungen des Bodhidharma beigegeben ist.

Äußerst dankbar bin ich Rebecca Shropshire dafür, daß sie mir für die Zusammenstellung dieser Sammlung die gesprochenen Texte transkribiert und herausgegeben hat, sowie George Ingles für seinen literarischen Beistand und seine fachkundigen Hinweise.

Mill Valley, Kalifornien
MARK WATTS

VORWORT

Für viele Menschen bleibt der verstorbene Alan Watts der Guru schlechthin, obwohl er keinerlei Ansprüche auf einen so hochgestochenen Titel erhoben und sich lieber als „philosophischen Entertainer" ausgegeben hat, der lediglich auf das ohnehin Offensichtliche aufmerksam machen wolle – was er auf seine eigene kauzige, jedoch äußerst talentierte Weise auch getan hat. Sein Sinn für Heiterkeit, sein Humor und seine Fähigkeit zum Spielen, sein Hang zum fröhlichen Lachen und seine Beteuerung, es nicht ganz ernst zu meinen, aber immer aufrichtig sein zu wollen, sind die wirklichen Merkmale einer sehr hoch entwickelten Bewußtseinsstufe. Unwillkürlich muß man dabei an das göttliche Wesen in der vedantischen Philosophie denken, das immer am Spielen ist, an Brahman, der ganz und gar in sein *lila*, sein Spiel mit dem gesamten Universum vertieft ist; oder an den hinduistischen Mythos von Shiva, der in seiner Gestalt als Nataraja die kosmische Illusion tanzt. Watts hat sich sein Leben lang für diese Thematik interessiert, und er hat immer wieder mit seiner üblichen brillanten Auslegungskunst in zahlreichen Vorlesungen und gehaltvollen Schriften darüber gesprochen.

Wie es bei allen Philosophen und Mystikern, die die philosophia perennis vertreten, der Fall ist, erwuchs auch Watts' Werk aus einer zentralen Erfahrung, die man gewöhnlich als *samadhi*, *satori*, kosmisches Bewußtsein oder spirituelles Einswerden mit Gott bezeichnet. Tatsächlich ist es diese Erfahrung, die es ermöglicht, eindeutig zwischen einem erleuchteten Geist mit seiner klaren Tiefenschau und einem herumtappenden Intellektuellen, der sich in bloßen Abstraktionen ergeht, zu unterscheiden.

Der Ausdruck *philosophia perennis* wurde, soweit wir wissen, erstmals vom deutschen Philosophen Leibniz gebraucht. In unserem Zusammenhang sei er zur Bezeichnung der kollektiven Weisheit verwendet, die sich aus der *samadhi*-Erfahrung ergibt und über die in der gesamten Weltliteratur berichtet wird, in heiligen Schriften, Mythen und Symbolen, aus prähistorischer Zeit bis heute. Es sind zwar schon viele Versuche unternommen worden, diese Erfahrung des intensivsten und höchsten Bewußtseinszustands zu beschreiben, aber allgemein gilt dieser Versuch als vergeblich, weil diese einmalige Erfahrung unaussprechlich ist.

Der chinesische Weise Lao-tse erklärte in seinem einleitenden Satz zum *Tao te king*: „Das Tao, das sich erklären läßt, ist nicht das wahre Tao", und doch schrieb er im Anschluß daran ein ganzes Buch. Auch von Shakyamuni Buddha wird der Ausspruch überliefert: „Was ich lehren muß, läßt sich nicht lehren", und er widmete sich über 45 Jahre lang dem Lehren. Im Johannesevangelium lesen wir, daß Pontius Pilatus auf seine vieldeutige Frage an Jesus: „Was ist Wahrheit?" keine Antwort erhielt. Alan verwendete gern das griechische Wort *myein*, das er mit „mum's the word" zu übersetzen pflegte – „man kann's nicht sagen". Aber wie allgemein bekannt, kann man Watts durchaus nicht vorwerfen, zu viel geschwiegen zu haben, denn er hat uns über zwanzig Bücher hinterlassen, zahllose Aufsätze und unzählige Vorlesungen, die zum Glück auf Band aufgenommen worden sind. Dieses Überquellen von Worten ist für das Bedürfnis des Intellektuellen bezeichnend, das, was ihn bewegt, ins Wort zu bringen, und auch für das Bedürfnis des Dichters, seine Erfahrung in Worte zu kleiden, um ihr die ein oder andere Einsicht abzugewinnen. Und so ist es zur „ewigen Philosophie" gekommen.

Für den Mystiker ist diese Erfahrung das Kriterium für den soteriologischen Aspekt der religiösen Erfahrung oder die Bestätigung für den erlösenden. Der Intellekt kann sie sich zwar nicht vorstellen, sie nicht voraussehen oder erfassen, aber am häufigsten scheint sie sich einzustellen, wenn sich jemand völlig und vorbehaltlos dem Göttlichen ausliefert. Meistens folgt sie auf einen Zustand, in dem der Geist völlig am Ende, in extremer Pein und ganz und gar verzweifelt ist. Es handelt sich also um ein merkwürdiges Zusammenfallen der Gegensätze, so daß sich abgrundtiefe Finsternis schlagartig in herrlichstes Licht verwandelt. Genau wie die Lotusblume aus dem Schlamm erwächst, so steigt sie aus einer chaotischen Verfassung zu den Höhen ekstatischer Seligkeit auf. Das erinnert an die Begebenheit aus dem Leben des Ramakrishna, der gerade im Begriff war, sich das Leben zu nehmen, als ihm jäh sein *samadhi* in Gestalt einer „Offenbarung der Göttlichen Mutter" zuteil wurde.

Wie Alan Watts mit eindrucksvoller Klarheit in einem seiner brillantesten Aufsätze mit dem Titel „This Is It" dargestellt hat, wird der betreffende Mensch diese erhabene Erfahrung immer im Kontext des religiösen und philosophischen Klimas seiner speziellen Kultur deuten und als Begegnung mit dem Göttlichen oder als inneres Wahrnehmen des Göttlichen verstehen:

> Die Begriffe, mit denen jemand diese Erfahrung deutet, bezieht er natürlich aus den religiösen und philosophischen Vorstellungen seiner Kultur. Das führt zu unterschiedlichen Ausprägungen, die oft verdecken, daß es sich im wesentlichen um ein und dieselbe Erfahrung handelt. Wie Wasser den Weg des geringsten Widerstands sucht, so kleiden sich die Emotionen in die Symbole, die am unmittelbarsten zur Verfügung stehen. Sie schlüpfen so schnell und automatisch in sie hinein, daß oft das Symbol selbst zum Kern der Erfahrung zu gehören scheint. Klarheit – das Sich-Auflösen von Problemen – ist mit Licht verbunden, und in Augenblicken solch bestechender Klarheit kann die Lichtempfindung so groß sein, daß sie alles durchdringt... Man fühlt sich selbst emporgehoben und mit einem Leben vereint, das unendlich anders ist als das eigene. Aber genau wie man das Herzklopfen je nach dem Standpunkt, den man einnimmt, als etwas betrachten

kann, das in einem *geschieht* oder als etwas, das man selbst *tut*, so kann auch der eine das Gefühl haben, er habe einen transzendenten Gott erfahren, während der andere glaubt, an seine eigene innerste Natur gerührt zu haben. Der eine kann das Empfinden haben, sein Ich oder Selbst habe sich so ausgeweitet, daß es das gesamte Universum umfasse, während der andere das Gefühl hat, er habe sich selbst völlig verloren und das, was er bislang als sein Ich bezeichnet habe, sei nie mehr als eine Abstraktion gewesen. Der eine wird sich als unendlich bereichert beschreiben, während der andere davon sprechen wird, er sei in eine derart absolute Armut versetzt worden, daß ihm nicht einmal mehr sein Geist und sein Körper gehört hätten und er nichts mehr mit der Welt zu tun gehabt habe.[1]

Als Nachhall dieser Erfahrung gehen einem vielleicht der kosmische Sinn und die spirituelle Bedeutung allen Lebens auf. Das gesamte Dasein wird heilig. Man ist von Liebe und Demut überwältigt. Man bejaht alle Dinge ganz so, wie sie sind, und man spürt, daß alles immer genau richtig gewesen ist. Dieses Hingerissensein läßt zwar im Lauf der Zeit nach, aber der Geist bewahrt sich ein Gefühl der Gewißheit und eine Qualität, aus der nach und nach eine ganze Seinsweise wird. Sie prägt schließlich das gesamte Alltagsleben dessen, dem diese Erfahrung zuteil geworden ist.

Manche Menschen lassen sich davon ganz durchdringen; sie legen alle Widerstände gegen diese Wirklichkeit ab und lassen „Es" einfach in sich strömen. Dadurch gelangen sie zur höchsten Blüte der spirituellen Suche, die sich im Altruismus und in umsichtiger, tätiger Nächstenliebe äußern. Eines der eindrucksvollsten Beispiele dafür haben wir in unserer Zeit im Leben und Werk von Mutter Teresa in Kalkutta. Doch diese wenigen Menschen haben selbst nicht das Gefühl, irgend etwas erreicht zu haben, sondern nehmen „Es" dankbar als reines Geschenk der Gnade an.

---

[1] Alan Watts, *This Is It*, Vintage Books, New York 1973, S.19, 21

Überlassen wir jedoch das abschließende Wort zu diesem Thema dem großen Religionsgeschichtler Mircea Eliade. Das folgende Zitat stammt aus seinem Buch *The Two and the One*, in dem er das Kapitel über „Erfahrungen des mystischen Lichts" folgendermaßen zusammenfaßt:

Alles, was man in Begriffe bringt, ist unvermeidlich mit Sprache verbunden, und folglich mit Kultur und Geschichte. Wenn ein Mensch das übernatürliche Licht erfährt, kann man zwar sagen, daß sich seiner Seele der Sinn des übernatürlichen Lichtes unmittelbar erschließt – aber trotzdem kann ihm dieser Sinn nur dadurch ins Bewußtsein treten, daß er sich ins Kleid einer bereits vorhandenen Ideologie hüllt. Hier liegt das Paradox: Der Sinn des Lichtes ist einerseits letztlich eine urpersönliche Entdeckung, aber andererseits entdeckt jeder Mensch nur das, wofür er spirituell und kulturell bereits zugerüstet worden ist. Doch bleibt die folgende Tatsache, die uns grundlegend zu sein scheint: Ganz unabhängig davon, wie es zuvor ideologisch konditioniert worden ist, erfolgt durch die Begegnung mit dem Licht im Dasein des Subjekts ein Bruch, durch den sich ihm die Welt des Geistes, der Heiligkeit und der Freiheit offenbart oder jedenfalls deutlicher als zuvor erschließt, kurz, durch den er das Dasein als göttliche Schöpfung erfährt oder die Welt als durch die Gegenwart Gottes geheiligt.[2]

Schon sehr früh in seinem Leben war Watts fasziniert von „allen Dingen aus dem Orient" und beschäftigte sich intensiv damit. Es muß nicht eigens gesagt werden, daß seine begnadeten Deutungen der fernöstlichen Religion und Philosophie zu den besten gehören, die es überhaupt gibt. Aber trotzdem hat es merkwürdigerweise nicht nur Bewunderer, sondern auch Kritiker seines Werks gegeben; sie haben sich nur oberflächlich darauf eingelassen und ihn als „Populari-

---

[2] Mircea Eliade, *The Two and the One*, Harper & Row, New York 1952, 77

sierer" des Zen-Buddhismus abgetan. Wer sich jedoch gründlich mit Watts' Werk befaßt, stellt unvermeidlich fest, daß sein wichtigster Beitrag seine Deutung und Wertschätzung der mystischen Erfahrung ist. Er selbst schrieb ungefähr auf dem halben Weg seiner Laufbahn:

Ich sah, daß alles, so wie es jetzt ist, ES ist, und das ist der Grund, weshalb es ein Leben und ein Universum gibt. Ich sah, daß wenn die *Upanischaden* sagten „Das bist du!" oder „Diese ganze Welt ist Brahman", sie genau das meinten, was sie sagten. Jedes Ding, jedes Ereignis, jede Erfahrung in ihrer unentrinnbaren Jetztheit und in ihrer je eigenen partikulären Individualität waren genau das, was sie sein sollten, und zwar derart, daß sie eine göttliche Autorität und Originalität erlangten. Es überwältigte mich mit aller nur möglichen Klarheit, daß all dies überhaupt nicht davon abhing, daß ich es als so seiend sah; es war vielmehr einfach die Weise, wie die Dinge waren, unabhängig davon, ob ich das begriff oder nicht; und wenn ich es nicht begriff, dann war auch das ES. Zudem spürte ich, daß mir jetzt klar wurde, was das Christentum wohl mit der Liebe Gottes meint – nämlich, daß Gott alle Dinge so liebt, wie sie sind, obwohl sie, mit unserem gesunden Menschenverstand beurteilt, unvollkommen sind. Gott liebt sie, wie sie sind, und diese Liebe Gottes vergöttlicht sie gleichzeitig. Dieses Mal hielt das lebhafte Empfinden von Licht und Klarheit eine ganze Woche lang an.
Solche Erfahrungen, die noch von weiteren nachfolgenden Erfahrungen bestärkt wurden, waren seit jener Zeit die belebende Kraft meines gesamten schriftstellerischen und philosophischen Werks.[3]

Das Geniale an Alan Watts lag in seiner Originalität und Methode – in seiner Fähigkeit, alle Barrieren des Geistes-

---

[3] Watts, a.a.O. 30f.

flusses zu beseitigen und einen faszinierenden Sturzbach an Formulierungen auszulösen, der auf geradezu magische Weise ein Gemisch aus Heiterkeit, Witz und Humor, Tiefsinn und Unterweisung darstellte; in seiner Meisterschaft im Gebrauch der englischen Sprache; in seinem außergewöhnlichen Gedächtnis sowie in seiner großen Bandbreite an Interessen und Studien, bei denen er sich nicht nur in die Geschichte des religiösen und philosophischen Denkens vertiefte, sondern auch in die Werke von so hervorragenden Wissenschaftlern wie L. L. Whyte, Gregory Bateson, David Bohm, Joseph Needham und anderen, einschließlich Korzybski, Sapir, Whorf und Wittgenstein.

Mit seiner Darstellung der „ewigen Philosophie" und seiner Synthese der Anschauungen von Vedanta, Mahayana-Buddhismus und Taoismus erwarb sich Watts das Ansehen der weniger dogmatisch, sondern eher liberal gesinnten Mitglieder der Wissenschaftsgemeinde. Das wiederum führte dazu, daß sich der Dialog und die Kommunikation zwischen den Vertretern der fernöstlichen Religionen und den zeitgenössischen Empirikern intensivierte, was im Lauf der Zeit seine Auswirkungen sogar auf die elementarsten Schulsysteme haben wird.

In den folgenden Aufsätzen und Vorlesungsnachschriften, die Alans Sohn Mark Watts zusammengestellt hat, finden wir einige exemplarische Vorträge, die Alan Watts zwischen den Jahren 1966 und 1973 gehalten hat. Außerdem wurde eine frühere Arbeit aus dem Jahr 1955 vorangestellt.

Der Leser wird entdecken, daß Watts die meiste Zeit seines Lebens eine Haltung positiver Bejahung des gesamten Daseins und der frohen Teilnahme daran eingenommen hat. Er genoß das Leben unter fast allen Umständen, hatte viel Glück und schien fast sein ganzes Leben lang hoch auf dem Wellenkamm reiten zu dürfen.

Wenn wir uns in seine vielen Schriften und Vorlesungen vertiefen, läßt sich vielleicht in uns selbst die gleiche Einstellung wecken, und schließlich können wir mit Watts in das Lied von Nammalvar einstimmen:

Er ist nicht: Er ist.
So ist es unmöglich, von Ihm zu sprechen,
Der die Erde und den Himmel durchbohrt hat
Und von innen her in allem regiert.
Er ist von keinem Mangel versehrt.
Er ist der Aufenthalt des Glücks.
Ein solches Wesen habe ich erlangt.[4]

Berkeley, Kalifornien
GEORGE INGLES

---

[4] K.C. Varadachari, *Alvars of South India*, Bharatiya Vidya Bhavan, Bombay 1970, 178

ERSTES KAPITEL

DER WEG DER BEFREIUNG IM ZEN-BUDDHISMUS

Worte drücken nur einen winzigen Bestandteil dessen aus, was der Mensch weiß, denn was wir sagen und denken können, ist immer unermeßlich viel weniger als das, was wir erfahren. Der Grund dafür ist, daß sich ein Ereignis genauso endlos beschreiben läßt, wie man einen Zentimeter endlos unterteilen kann; außerdem gibt es auch noch Erfahrungen, die überhaupt nicht der Struktur unserer Sprache entsprechen. Solche Erfahrungen lassen sich folglich sprachlich genauso wenig fassen, wie man Wasser mit einem Sieb schöpfen kann. Allerdings ist der Intellektuelle, also der Mensch als Meister der Sprache, immer in Gefahr, das, was zu wissen möglich ist, auf das zu beschränken, was man beschreiben kann. Folglich neigt er dazu, den Kopf zu schütteln und mißtrauisch zu werden, wenn jemand versucht, mit Hilfe der gewöhnlichen Sprache auf eine Erfahrung hinzudeuten, welche die Logik dieser Sprache erschüttert, also auf eine Erfahrung, die sich mit Worten nur um den Preis umschreiben läßt, daß diese Worte ihren geläufigen Sinn verlieren. Der Intellektuelle wird dann skeptisch und vermutet, hier werde verworren und mit unscharfen Begriffen gedacht, und er schließt daraus, hinter einem so offensichtlich sinnlosen Gebrauch von Worten können keine wirkliche Erfahrung stecken.

Das gilt ganz besonders für eine Vorstellung, die in der Geschichte der Philosophie und Religion immer wieder auftaucht: Die scheinbare Vielfalt von Fakten, Gegenständen und Ereignissen sei in Wirklichkeit Eines, oder genauer: sie liege jenseits aller Dualität. Mit dieser Aussage will man gewöhnlich mehr als eine spekulative Theorie in den Raum

stellen; man möchte damit vielmehr von einer tatsächlichen Einheitserfahrung sprechen. Diese Erfahrung ließe sich auch als Gespür dafür beschreiben, daß sich alles, was sich ereignet oder ereignen kann, auf derart positive Weise als richtig und natürlich betrachten läßt, daß man es geradezu als göttlich bezeichnen könnte. Mit den Worten des *Shinjinmei* gesagt:
> Eines ist alles;
> Alles ist eines.
> Wenn es nur so sein kann,
> warum dann sich grämen, unvollkommen zu sein?

Der Logiker sieht in einer solchen Äußerung keinen Sinn, und für den Moralisten ist sie geradezu subversiv. Selbst der Psychologe fragt sich vielleicht, ob es tatsächlich eine Geistesverfassung oder ein Gefühl gibt, die solche Worte zutreffend beschreiben. Er könnte nämlich die Auffassung vertreten, Wahrnehmungen oder Gefühle ließen sich ja nur deshalb erkennen, weil sie voneinander verschieden seien, so wie man Weiß als Kontrast zu Schwarz erkennt, und folglich sei eine Wahrnehmung der Nicht-Unterschiedenheit, also des absoluten Einsseins, überhaupt nicht möglich. Bestenfalls könne das dem gleichkommen, was geschieht, wenn man eine rosarot gefärbte Brille aufsetzt: Da nimmt man zunächst rosarote Wolken wahr und spürt noch den Unterschied zu den weißen, an die man sich noch erinnert; aber nach einiger Zeit verblaßt der Unterschied, und das Faktum, daß alles rosarot gefärbt ist, verschwindet aus dem Bewußtsein. Allerdings heißt es in der Literatur des Zen-Buddhismus nicht, die Erfahrung des Einsseins oder der Nicht-Dualität mache man nur zeitweise, nämlich als Kontrast zur früheren Erfahrung der Vielheit. Es wird vielmehr gesagt, daß es sich hierbei um eine bleibende Erfahrung handle, die sich keineswegs bei längerer Gewöhnung lege. Um das zu verstehen, gehen wir am besten so gut wie möglich den inneren Prozeß mit, durch den man zu dieser Erfahrung gelangt. In psychologischer Hinsicht heißt das zunächst einmal, daß wir herauszufinden versuchen, ob die betreffenden Worte irgendeine psychologische Wirklichkeit zum Ausdruck bringen. Von irgendeinem logischen Sinn oder einer moralischen Eigenschaft dagegen soll vorerst einmal gar nicht die Rede sein.

Gehen wir also zunächst einmal davon aus, der Mensch habe normalerweise das Gefühl, in einen Konflikt zwischen sich und seiner Umwelt einbezogen zu sein, zwischen seinen Wünschen und den widerständigen Tatsachen der Natur, zwischen seinem eigenen Willen und den ihm widerstreitenden Wünschen anderer Menschen. Dem Wunsch des gewöhnlichen Menschen, dieses Empfinden des Konflikts durch ein Gefühl der Harmonie zu ersetzen, entspricht das uralte Anliegen von Philosophen und Naturwissenschaftlern, die Natur als eine Einheit zu verstehen, denn der Geist des Menschen ist mit dem Dualismus ewig unzufrieden. Wir werden sehen, daß dies in vieler Hinsicht ein ziemlich unzulänglicher Ausgangspunkt ist. Das Problem, jemandem genau zu erklären, wie er sich von diesem Punkt aus an die Erfahrung des Einsseins herantasten soll, erinnert an den Bauerntölpel, den jemand nach dem Weg zu einem Dorf fragte, das er nicht finden konnte. Er kratzte sich eine Zeitlang am Kopf und gab dann zur Antwort: „Ja, mein Herr, wo das liegt, das weiß ich schon; aber wenn ich Sie wäre, würde ich nicht von hier aus dorthin gehen." Nur stehen wir eben unglücklicherweise gerade hier.

Betrachten wir also einige Zugangswege der Zen-Meister, um diesem schwierigen Punkt näherzukommen. Im wesentlichen scheinen sie vier Ansätze zu kennen, die unsere besondere Aufmerksamkeit verdienen. Sie lassen sich auf folgende Kernsätze bringen:

1. Man kann sagen, daß in Wirklichkeit alle Dinge eins sind.
2. Man kann sagen, daß in Wirklichkeit alle Dinge nichts und leer sind.
3. Man kann sagen, daß alle Dinge, so wie sie sind, vollkommen in Ordnung und natürlich sind.
4. Man kann sagen, daß die Antwort die Frage ist oder der Fragende.

Die Frage selbst kann viele verschiedene Formen annehmen, aber im wesentlichen handelt es sich um das Problem: Wie kommt der Mensch frei vom Konflikt, vom Dualismus, von dem, was im Buddhismus als *samsara* oder verhängnisvoller Kreislauf von Geborenwerden und Sterben bezeichnet wird?

1. Betrachten wir als Beispiel für die erste Art der Aussage, nämlich, daß alle Dinge in Wirklichkeit eins seien, die Worte des Eka:
Die tiefste Wahrheit lautet: Grundsätzlich ist letztlich alles identisch.
Wer im Banne der Täuschung ist, mag den *mani*-Edelstein als zerbrochenen Ziegel bezeichnen,
Aber wenn man wirklich zum Selbst erwacht, erweist er sich als echte Perle.
Unwissen und Weisheit sind unterschiedslos das gleiche.
Denn man sollte wissen, daß die zehntausend Dinge alle Sosein (*tathata*) sind.

Es geschieht aus Mitleid mit den Schülern, die eine dualistische Sicht haben,
Daß ich schreibend Worte forme und diesen Brief verschicke.
Wenn man diesen Körper und den Buddha als weder unterschieden noch getrennt betrachtet,
Warum sollte man dann nach etwas suchen, das gar nicht zu uns hinzugefügt werden muß?[5]

Der Grundgedanke dieses Textes ist, daß keinerlei Anstrengung, irgend etwas zu ändern, notwendig ist, wenn man sich vom Konflikt des Dualismus befreien will. Man muß nur erkennen, daß jegliche Erfahrung identisch ist mit dem Einen, mit der Buddha-Natur oder dem Tao. Ist man dazu imstande, so löst sich der Konflikt von ganz allein. In diesem Sinn gab Nansen auf die Frage des Joshu: „Was ist das Tao?" die Ant-

---

[5] *Zoku-Kosoden* (chinesisch *Hsu Kao-seng Chuan*)

wort: „Dein gewöhnlicher Geist ist das Tao." Als Joshu weiterfragte: „Wie kann man wieder in Einklang mit ihm kommen?", erwiderte Nansen: „Durch das Wollen, mit ihm in Einklang zu kommen, fällt man sofort daraus heraus."[6]

Psychologisch gesehen wird man aus solchen Antworten schließen, es gehe um den Versuch, jede Erfahrung, jeden Gedanken, jede Sinneswahrnehmung und jedes Gefühl als das Tao zu begreifen; folglich sei in gewisser Hinsicht das Gute das gleiche wie das Böse, das Angenehme das gleiche wie das Schmerzliche. Das kann die Form annehmen, daß man versucht, mit jeder Erfahrung gleich bei ihrem Auftreten den Symbol-Gedanken „dies ist das Tao" zu verknüpfen, obwohl es natürlich nicht leicht sein wird, in einem Symbol, das sich ganz genauso auf jede andere mögliche Erfahrung anwenden läßt, viel Inhalt und viel Sinn zu erkennen. Doch wenn sich die Frustration einstellt, daß man keinerlei Inhalt wahrnimmt, wird dazu unverzüglich gesagt, auch dies sei das Tao. Folglich erweist sich jeder Versuch, irgend etwas von der Natur dieses Einen zu erfassen, immer mehr als vergeblich.

2. Man kann auf diese Ausgangsfrage jedoch auch eine andere und vielleicht bessere Antwort geben, nämlich indem man mit der Lehre der *Prajnaparamita-hridaya-sutra* sagt, in Wirklichkeit seien alle Dinge Nichts oder Leere (*shunyata*). „Genau genommen ist Form das Leere; und genau genommen ist das Leere Form." Diese Aussage weckt nicht spontan das Bedürfnis, im Begriff des Einen irgendeinen Inhalt oder Sinn zu finden. Der Begriff *shunya* oder Leere bezeichnet im Buddhismus nicht das Nichtssein, sondern eher das absolut nicht Faßbare. Die psychologische Reaktion auf die Aussage, alles sei Eines, bestünde darin, zu jeder Erfahrung, die sich einstellt, unverzüglich „Ja" zu sagen und also zu versuchen, das Leben mit ausnahmslos allem, was es mit sich bringt, anzunehmen und zu bejahen. Im Gegensatz da-

---

[6] *Mumonkan* (chinesisch *Wu-men Kuan*), Fall 19

zu wäre die psychologische Reaktion auf die Aussage, alles sei Leere, der Versuch, zu jeder Erfahrung „Nein" zu sagen.

Letzteres findet sich auch in der Vedanta, wo man mit der Formel *neti, neti*, „nicht das ist's, nicht das ist's", die Auffassung zum Ausdruck bringt, keine Erfahrung sei die Eine Wirklichkeit. Ähnlich wird im Zen das Wort *mu*[7] gebraucht, oft als ein *koan*[8] oder Ausgangsproblem für die Meditation der Anfänger. Das wird dann so eingesetzt, daß man immer und unter allen Umständen das Wort „Nein" spricht. Folglich lautet die Antwort des Joshu auf die Frage: „Wie wird es sein, wenn ich mit gar nichts zu dir komme?": „Wirf es weg!"[9]

3. Es gibt auch die Ansicht, man solle anscheinend gar nichts tun, also weder zu allem „Ja" noch zu allem „Nein" sagen. Worauf es dabei ankommt, ist, daß man die jeweilige eigene Erfahrung und den eigenen Geist einfach sich selbst überläßt und sie so sein läßt, wie sie sind. Dazu sei aus dem Rinzai zitiert:

> „Man kann vergangenes *karma* nur lösen, wenn die Umstände entsprechend sind. Wenn es Zeit zum Ankleiden ist, zieh deine Kleider an. Wenn du gehen mußt, geh. Wenn du sitzen mußt, sitze. Habe in deinem Geist nicht den geringsten Gedanken, daß du die Buddhaschaft suchst. Wie kann das geschehen? Die Alten sagen: ‚Wenn du vorsätzlich den Buddha suchen willst, dann ist dein Buddha nur *samsara*.' ... Ihr Jünger des Tao, im Buddhismus ist kein Platz für vorsätzliches Bemühen. Seid ganz gewöhnlich, habt nichts Besonderes an euch. Verrichtet eure Notdurft, nehmt Wasser, kleidet euch an, eßt, was es gibt. Wenn ihr müde seid, geht und legt euch hin. Törichte Menschen mögen über mich lachen, aber die weisen werden das verstehen... Die Alten sagen: ‚Wenn du

---

[7] Im Chinesischen *wu* (Nein, Nichts)
[8] Im Chinesischen *kung-an* (öffentlicher Fall)
[9] *Kattoshu* (chinesisch *Ko-t'eng Chi*)

unterwegs einem Menschen des Tao begegnen willst, mußt du zuerst einmal alle Gedanken an das Tao vergessen.' Folglich heißt es, wenn jemand sich ins Tao einübe, werde sich ihm das Tao versagen."[10]

Ähnlich fragte ein Mönch den Bokuju: „Täglich ziehen wir uns an und essen etwas. Wie entkommen wir der Notdurft, uns anzuziehen und etwas zu essen?" Der Meister entgegnete: „Wir ziehen uns an. Wir essen." Hierauf erwiderte der Mönch: „Das verstehe ich nicht." Und der Meister: „Dann zieh dich an und iß etwas."[11] Bei anderen Anlässen wird der Zustand der Nicht-Dualität gelegentlich so beschrieben, daß er jenseits der Gegensätze von Hitze und Kälte liege. Doch fragt man nach einer näheren Beschreibung, so heißt es im Zen:

Ist es kalt, so scharen wir uns um das lodernde Feuer im Herd.
Ist es heiß, so sitzen wir auf der Bank in der Bambusgrotte am Bergfluß.[12]

Psychologisch gesehen, scheint es hier darum zu gehen, daß man seinen Geist auf die äußeren Umstände ganz so reagieren läßt, wie er gerade will, also nicht gegen das Gefühl der Hitze im Sommer oder der Kälte im Winter aufzubegehren und – das muß hinzugefügt werden – auch nicht gegen das Gefühl anzugehen, man habe ein Gefühl, gegen das man angehen müsse! Es ist, als werde damit gesagt: So, wie du gerade fühlst, fühlst du ganz richtig, und grundsätzlich kommt der Konflikt, den man mit dem Leben und mit sich selbst hat, daher, daß man versucht, seine gegenwärtigen Gefühle zu ändern oder loszuwerden. Doch auch dieser Wunsch, anders zu fühlen, kann ein gegenwärtiges Gefühl sein, das man nicht zu ändern braucht.

---

[10] *Rinzai Roku: Shishu* (chinesisch *Lin-chi Lu: Shih-chung*)
[11] *Bokuju Roku* (chinesisch *Mu-chou Lu*)
[12] *Zenrin Ruiju*, Kap. 2

4. Und schließlich gibt es noch die vierte Art Antwort. Sie verweist die Frage bzw. den Fragenden auf sich selbst zurück. Eka sagte zu Bodhidharma: „Ich habe in meinem Geist keinen Frieden. Bitte befriede meinen Geist." Bodhidharma erwiderte: „Bring deinen Geist hier vor mich her, und ich will ihn befrieden!" Hierauf entgegnete Eka: „Aber wenn ich meinen Geist suche, kann ich ihn nicht finden." Daraus schloß Bodhidharma: „Na also! Ich habe deinen Geist befriedet!"[13]

Doshin fragte Sosan: „Wie sieht die Methode der Befreiung aus?" Der Meister erwiderte: „Wer bindet dich?" „Niemand bindet mich." Hierauf entgegnete der Meister: „Warum suchst du also Befreiung?"[14] Bei anderen Gelegenheiten besteht die Antwort einfach aus der Wiederholung der Frage oder in einer Auskunft wie: „Deine Frage ist ganz klar. Warum stellst du sie mir?"

Antworten dieser Art scheinen die Aufmerksamkeit auf den Geisteszustand zurückzuverweisen, dem die betreffende Frage entspringt, so, als solle damit gesagt werden: „Wenn dich deine Gefühle plagen, dann finde heraus, wer oder was da geplagt wird." Psychologisch geht es also um den Versuch, dem nachzufühlen, was da fühlt, und zu wissen, was da weiß – also sich selbst zum Gegenstand der Frage zu machen. Doch, so sagt Obaku, „den Buddha nach sich selbst suchen lassen oder den Geist sich selbst erfassen lassen – das ist bis in alle Ewigkeit ein unmögliches Unterfangen." Oder, wie Ekai sagt: „Das ist, wie wenn man einen Ochsen sucht und in Wirklichkeit auf ihm reitet"; oder, wie es in einem der Gedichte im Zenrin Kushu heißt, es ist

Wie ein Schwert, das verwundet, aber sich selbst nicht verwunden kann;
Wie ein Auge, das sieht, aber sich selbst nicht sehen kann.

---

[13] *Mumonkan*, Fall 41
[14] *Keitoku Dento Roku* (chinesisch *Ching-te ch'uan-teng Lu*), Bd.3

Mit den Worten eines alten chinesischen Spruchs: „Eine einzelne Hand kann nicht klatschen." Und doch führte Hakuin seine Schüler immer in das Zen mit der Aufforderung ein, das Klatschen der einen Hand zu hören!

Man erkennt unschwer, daß allen diesen vier Arten von Antworten ein gemeinsames Muster zugrundeliegt, denn alle beschreiben eine Kreisform. Wenn alle Dinge das Eine sind, dann ist auch mein Gefühl, im Konflikt zwischen Dualitäten zu stehen, das Eine, genau wie mein Vorbehalt gegen dieses Gefühl. Wenn alle Dinge Leere sind, dann ist auch der Gedanke, daß dies so sei, Leere. Es kommt einem vor, als werde man aufgefordert, sich in ein Loch fallen zu lassen und das Loch dabei mitzunehmen. Wenn alles, was geschieht, genau so, wie es geschieht, vollkommen richtig und natürlich ist, dann ist auch das Falsche und Unnatürliche richtig und natürlich. Wenn ich einfach alles so geschehen lassen soll, wie es geschieht, was ist dann, wenn ich gerade den Wunsch habe, in den Lauf der Dinge einzugreifen? Und schließlich: Wenn die Wurzel des Konflikts ein Mangel an Selbsterkenntnis ist, wie kann ich dann das Selbst erkennen, das versucht, sich selbst zu erkennen? Kurz, die Wurzel des Problems ist die Frage. Stellt man nicht die Frage, so gibt es das Problem gar nicht. Oder anders gesagt: Das Problem, wie man dem Konflikt entkommt, ist gerade der Konflikt, dem man zu entkommen versucht.

Alle diese Antworten mögen nicht besonders hilfreich sein; es soll damit nur gesagt werden, daß der Mensch in einer Lage ist, für die es keine Hilfe gibt. Jede Abhilfe gegen das Leiden ist letzten Endes nur, als drehe man sich in einem harten Bett etwas herum, und jeder Fortschritt beim Bemühen, unsere Umgebung in den Griff zu bekommen, führt nur dazu, daß sie noch schwerer in den Griff zu kriegen ist. Immerhin scheint dieses ganze Herumdenken in Zirkelschlüssen wenigstens zu zwei ziemlich klaren Schlüssen zu führen. Der erste besteht darin, daß uns nie aufgehen wird, wie hilflos wir sind, wenn wir nicht den Versuch unternehmen, uns selbst zu helfen. Nur indem wir endlos Fragen stellen, erkennen wir deutlich die Grenzen des menschlichen Geistes und folglich seine Form selbst. Der zweite besteht darin, daß wir dann mit uns im Frieden sind, wenn wir schließlich die Tiefen unserer Hilflosigkeit erkennen. Sich selbst als verloren aufzugeben: das ist gemeint, wenn man davon spricht, daß man sich selbst verliert oder ergibt oder aufopfert.

Vielleicht wirft das etwas Licht auf die buddhistische Lehre von der Leere, auf die Aussage, daß alles in Wirklichkeit leer oder vergeblich sei. Wenn nämlich der tiefste Impuls meines Wesens darin besteht, einem Konflikt zu entrinnen, der im wesentlichen identisch ist mit meinem Wunsch, dem Konflikt zu entkommen, oder mit anderen Worten: Wenn die gesamte Struktur meiner selbst, mein Ich, ein Versuch ist, das Unmögliche zu erreichen, dann bin ich bis in meinen innersten Kern umsonst oder leer. Ich bin lediglich ein Jucken, das nichts hat, was es kratzen kann. Der Versuch zu kratzen, macht das Jucken nur schlimmer, aber ein Jucken ist seiner Definition nach etwas, was gekratzt werden möchte.

Das Zen versucht also, den Menschen zu einer intensiven Wahrnehmung dessen zu führen, daß er in einem tückischen Zirkelschluß befangen, völlig hilflos und in einer ausweglosen Lage ist. Er soll erkennen, daß gerade sein Bedürfnis nach Harmonie der Grund seines Konflikts ist, dieses Bedürfnis im Kern seines Wesens, das im Grunde seinen Lebenswillen ausmacht. Wäre diese Übung nicht auf eine sehr merkwürdige und offenbar völlig paradoxe Wirkung hin angelegt, so würde es sich dabei um eine masochistische Übung in Selbst-Frustration handeln. Es geht nämlich darum, sich schließlich über jeden Zweifel hinaus darüber Klarheit zu verschaffen, daß bei diesem Jucken gar nicht gekratzt werden kann, und das hat zur Folge, daß das Jucken von allein aufhört. Oder allgemeiner gesprochen: Wenn man erkennt, daß unser Grundbedürfnis ein tückischer Zirkelschluß ist, hört das Herumrennen im Kreis von selbst auf. Das geschieht aber erst dann, wenn es sich als eindeutig klar und gewiß herausgestellt hat, daß es keinerlei Möglichkeit gibt, diesen Kreislauf willentlich zum Anhalten zu bringen.

Der Versuch, selbst etwas machen oder nicht machen zu wollen, setzt natürlich im eigenen Inneren eine Dualität voraus, eine Aufspaltung der Integrität des Geistes, die dazu führt, daß das eigene Handlungsvermögen gelähmt ist. Ein Stück weit bringt folglich die Aussage, alles sei Eines und das Eine sei alles, zum Ausdruck, daß diese innere Aufspaltung überwunden ist und man die ursprüngliche Einheit und Autonomie seines Geistes wiederentdeckt hat. Das gleicht dem Erlernen des Gebrauchs eines neuen Muskels – wenn man ihn plötzlich von innen her bewegen kann, oder genauer, wenn er sich selbst bewegt, nachdem alle Bemühungen, ihn von außen her zu aktivieren, umsonst gewesen sind. Diese Art Erfahrung ist überaus intensiv, aber wir alle wissen, daß sie praktisch nicht mitteilbar ist.

Man muß deutlich sehen, daß diese neue Erfahrung des Einsseins erst dann im Geist aufbricht, wenn er von der völligen Vergeblichkeit und Nichtigkeit seines eigenen Vermögens überwältigt ist. Im Zen wird diese Erfahrung gern mit derjenigen einer Stechmücke verglichen, die einen eisernen Bullen stechen will. Oder ein Gedicht im *Zenrin Kushu* drückt es so aus:

Um auf der Großen Leere zu trampeln,
Muß der eiserne Bulle schwitzen.

Wie aber kann ein eiserner Bulle schwitzen? Das ist die gleiche Frage wie: „Wie kann ich dem Konflikt entkommen?" oder: „Wie kann ich mich selbst oder meine eigene Hand in den Griff bekommen?"

Wenn man ganz intensiv die Erfahrung macht, in dieser ausweglosen Sackgasse zu stecken, und wenn einem darin unbarmherzig aufgeht, daß das eigene Ich absolut unfähig ist, erkennt man jäh, daß sich dennoch ein ganz wesentlicher Lebensprozeß abspielt. „Ich stehe und ich sitze; ich ziehe mich an und ich esse... Der Wind rauscht in den Bäumen, und in der Ferne hupen Autos." Wenn mein gewöhnliches Selbst auf ein völlig nutzloses Angespanntsein reduziert ist und sonst nichts mehr von ihm übrigbleibt, geht mir plötzlich auf, daß darin mein tatsächliches Tun besteht. An die Stelle dessen, was mein Ich tut, ist ganz und gar das Tätigsein des Lebens selbst getreten, und zwar so, daß die starre Grenze zwischen mir und allem anderen völlig verschwunden ist. Alle irgend möglichen Ereignisse, sei es das Anheben meiner eigenen Hand oder das Zwitschern eines Vogels draußen, erweisen sich als das Sich-Ereignen von *shizen*[15] – sie kommen von selbst oder unwillkürlich, im Sinn von spontan statt mechanisch.

> Die blauen Berge sind von sich aus blaue Berge;
> Die weißen Wolken sind von sich aus weiße Wolken.[16]

Auch das Anheben der Hand, das Denken eines Gedankens oder das Treffen einer Entscheidung ereignen sich auf genau dieselbe Weise. Es wird klar, daß dies tatsächlich die Weise ist, auf die sich schon immer alles ereignet hat, und daß deshalb alle meine Anstrengungen, mich selbst zu bewegen oder im Griff zu behalten, unwichtig sind; ihr einziger Wert besteht darin, eindeutig zu zeigen, daß ich auf diesem Weg nicht weiterkomme. Folglich liegt der ganze Begriff der Selbstkontrolle schief, denn es ist genauso unmöglich, sich angestrengt um Entspannung zu bemühen oder sich verbissen ein Tun abzuringen, wie man seinen Mund ausschließlich durch den mentalen Willensakt, ihn aufzumachen, aufmachen kann. Man mag seinen Willen noch so sehr anstrengen und sich auf die Vorstellung, ihn aufzumachen, konzentrieren – der Mund wird sich erst bewegen, wenn er sich selbst aufmacht. Aus diesem Gefühl heraus, daß alle Ereignisse sich aus sich selbst heraus ereignen, schrieb der Dichter Ho Koji:

---

[15] Chinesisch *tzu-jan* (Spontaneität oder Natürlichkeit)
[16] *Zenrin Kushu*

Wunderbare Kraft und staunenswertes Tun -
Wasser holen und Holz hacken![17]

Dieser Bewußtseinszustand ist keineswegs psychologisch unmöglich; es gibt ihn sogar als mehr oder weniger andauerndes Grundgefühl. Allerdings scheinen die meisten Menschen ihr ganzes Leben lang fast ununterbrochen mit dem Gefühl zu leben, ihr eigenes Ich und ihre Umwelt seien zwei ganz getrennte Bereiche. Wird man von diesem Gefühl befreit, so gleicht das der Heilung von einer chronischen Krankheit, und daraus ergibt sich ein Gefühl der Leichtigkeit und Gelöstheit, das man mit dem Gefühl vergleichen kann, das man hat, wenn man nach langen Wochen von einem schweren Gipsverband befreit wird. Im Lauf der Zeit legt sich natürlich das Gefühl der Euphorie oder Ekstase, aber als bezeichnender Wandel bleibt, daß aus der eigenen Erfahrung die starre Grenze zwischen Ich und Umwelt verschwunden ist. Dieses Abklingen der Ekstase tut nichts zur Sache, denn das zwanghafte Suchen nach ekstatischer Erfahrung verschwindet ohnehin, da es früher zur Kompensation der chronischen Frustration, sich in einem vertrackten Kreislauf zu befinden, gedient hatte.

Ein Stück weit entspricht die starre Unterscheidung zwischen Ich und Umwelt der Unterscheidung zwischen Geist und Körper oder zwischen dem willkürlichen und unwillkürlichen Nervensystem. Das ist vermutlich der Grund dafür, daß die Disziplinen des Zen und Yoga so stark auf das Atmen achten (*anapanasmriti*), denn an dieser organischen Funktion läßt sich am leichtesten aufzeigen, daß willentliches und unwillkürliches Tun im wesentlichen identisch sind. Wir können mit dem Atmen nicht aufhören, und dennoch scheint es, daß wir das Atmen unter unsere Kontrolle bringen können; wir atmen, und zugleich werden wir geatmet. Die Unterscheidung zwischen dem Willkürlichen und

---

[17] *Keitoku Dento Roku*, Kap. 8

dem Unwillkürlichen gilt nur innerhalb begrenzter Perspektiven. Wenn ich etwas will oder beschließe, tue ich das streng genommen unwillkürlich. Wäre das nicht so, dann müßte ich immer beschließen, zu beschließen, zu beschließen, daß ich etwas beschließe, in einer endlosen Rückkoppelung. In Wirklichkeit scheinen sich die unwillkürlichen Funktionen unseres Körpers, wie etwa unser Herzschlag, grundsätzlich kaum von anderen unwillkürlichen Aktivitäten zu unterscheiden, die außerhalb unseres Körpers geschehen. Beide spielen sich in unserer Umgebung ab. Wird also die Unterscheidung zwischen willkürlich und unwillkürlich innerhalb unseres Körpers außer Kraft gesetzt, dann ist das genauso in den Ereignissen außerhalb unseres Körpers der Fall.

Hat man erfaßt, daß diese scharfen Trennlinien zwischen Ich und Umwelt und willkürlich und unwillkürlich zwar allgemein üblich sind, aber nur innerhalb von begrenzten und ein Stück weit willkürlichen Perspektiven gelten, so stößt man zu einer Art von Erfahrung vor, auf die Formulierungen wie „Eines ist Alles und Alles ist Eines" durchaus passen. Denn mit diesem Eines-sein ist das Verschwinden einer starren Grenzlinie, eines rigiden Dualismus gemeint. Allerdings handelt es sich hierbei keineswegs um ein universales „Alles ist eins" im Sinn eines Pantheismus oder Monismus, der behauptet, alle sogenannten „Einzeldinge" seien lediglich Scheinformen eines einzigen homogenen „Stoffs". Die Erfahrung der Befreiung vom Dualismus darf nicht so verstanden werden, als lösten sich dabei alle Berge und Bäume, Häuser und Menschen in eine einheitliche Masse aus Licht oder transparenter Leere auf.

Aus diesem Grund haben die Zen-Meister immer eingeräumt, der Begriff des „Einen" sei im Grunde irreführend. So heißt es zum Beispiel im *Shinjinmei*:

Es gibt zwei, weil Eines ist,
Aber hafte nicht an diesem Einen...
In der *dharma*-Welt wahren Soseins

Gibt es weder „anders" noch „selbst".
Willst du es direkt benennen,
So kann man nur sagen: „Nicht zwei."

Darauf bezieht sich auch die Frage des *koan*: „Wenn das Viele auf das Eine zurückgeführt wird – worauf läßt sich dann das Eine zurückführen?" Joshu gab darauf zur Antwort: „Als ich in der Provinz Seishu war, verfertigte ich ein Leinengewand, das sieben Pfund wog."[18] Das mag sehr merkwürdig klingen, aber in dieser Art von Sprache kommt das Zen am deutlichsten zum Ausdruck, weil das eine direkte Rede ohne die geringste Beimengung irgendeiner Symbolik oder Begrifflichkeit ist. Man vergißt dabei allzu leicht, daß es sich bei dem hier Ausgesagten nicht um eine Vorstellung oder Meinung handelt, sondern um eine Erfahrung. Das Zen spricht nämlich nicht vom Standpunkt eines Menschen aus, der außerhalb des Lebens steht und darüber irgendwelche Aussagen macht. Von einem solchen Standpunkt aus ist ja ein effektives Verstehen gar nicht möglich, genauso wie es nicht möglich ist, einen Muskel lediglich durch verbale Befehle zu bewegen, mag man auch noch so laut reden.

Natürlich ist es von bleibendem Wert, wenn man in der Lage ist, einen Schritt aus dem Leben herauszutreten und darüber nachzudenken; wenn man sich also seines eigenen Daseins bewußt sein und das aufbauen kann, was Kommunikationstheoretiker als psychologisches *feedback*-System bezeichnen würden. Es versetzt einen in die Lage, sein eigenes Tun kritisch beleuchten und korrigieren zu können. Aber solche Systeme haben ihre Grenzen. Macht man sich einen Augenblick die Eigenart des *feedback* klar, so sieht man, worin diese bestehen. Das wahrscheinlich geläufigste Beispiel für ein *feedback*-System ist der elektrische Thermostat, der die Heizung eines Hauses reguliert. Dabei markiert man auf einem Thermometer die Ober- und Untergrenze der gewünschten Temperatur und verbindet es dann

---

[18] *Joshu Shinsai Zenji Go Roku* (chinesisch *Chao-chou Chen-chi Ch'an-shih Yu-lu*)

so mit einem Schalter, daß die Heizung eingeschaltet wird, wenn die Untergrenze unterschritten ist, und ausgeschaltet, wenn die Obergrenze überschritten wird. So wird die Raumtemperatur immer innerhalb der gewünschten Grenzen gehalten. Man könnte also sagen, der Thermostat sei ein Empfindungsorgan des Heizofens, den dieser besitzt, um sein eigenes Verhalten zu steuern, und hierbei handele es sich um eine ganz rudimentäre Analogie zum Selbstbewußtsein des Menschen.

Hat man auf diese Weise einen sich selbst regulierenden Heizofen konstruiert, so könnte man sich die Frage stellen: Ließe sich nicht auch ein sich selbst regulierender Thermostat konstruieren? Wir kennen ja nur allzu gut die Launen von Thermostaten, und so wäre es sinnvoll, zur Kontrolle des ersten ein zweites *feedback*-System zu konstruieren. Jedoch stellt sich dann sogleich die Frage, wie weit das gehen kann. Denkt man die Anordnung logisch konsequent bis zum Ende durch, so müßte man eigentlich eine unendliche Anzahl von *feedback*-Systemen anlegen, die jeweils durch weitere ihnen nachgeordnete *feedback*-Systeme kontrolliert würden. Von einem bestimmten Punkt an würde die Anordnung allerdings derart komplex, daß sie schließlich das gesamte System lahmlegen würde. Um das zu vermeiden, müßte es irgendwo am Ende der Kette einen Thermostaten oder eine Intelligenzquelle geben, auf deren Information und Autorität man voll vertrauen könnte und die ihrerseits keinen weiteren Überprüfungen und Kontrollen unterworfen wäre. Die einzige Alternative dazu ist eine unendliche Reihe von Kontrollen, was absurd ist, denn man würde damit an einen so fernen Punkt kommen, daß die Information von dort aus gar nicht mehr bis zum Heizofen gelangen würde. Eine Alternative dazu wäre vielleicht ein im Zirkelschluß angelegtes Kontrollsystem, wie das unsere Gesellschaftsordnung vorsieht: Der Bürger wird vom Polizisten kontrolliert, der Polizist wird vom Bürgermeister kontrolliert, der Bürgermeister wird vom Bürger kontrolliert. Das funktioniert jedoch nur, wenn jedes Glied dem übergeordneten Glied volles Vertrauen schenkt, oder anders gesagt, wenn das System sich selbst vertraut und niemand versucht, sich außerhalb des Systems zu begeben, um es von außen zu korrigieren.

Das liefert uns ein anschauliches Bild für die Lage des Menschen. Unser Leben besteht im wesentlichen aus Tätigsein, aber wir haben die Fähigkeit, unser Tätigsein durch Nachdenken zu überprüfen. Zu vieles Nachdenken bremst und lähmt das Tätigsein, aber da es beim Tätigsein um Leben und Tod geht, stellt sich die Frage: Wieviel Nachdenken ist notwendig? Soweit das Zen seine Grundhaltung als *mushin* oder *munen*[19] bezeichnet – Nicht-Geist oder Nicht-Gedanke –, scheint es für das Tätigsein und gegen das Nachdenken zu sein.

> Beim Gehen tue nichts als gehen. Beim Sitzen tue nichts als sitzen.
> Vor allem flattere nicht umher.[20]

Joshus Antwort auf die Frage nach dem Vielen und dem Einen geschah aus nichtdenkendem Tätigsein, sie war nicht vorbedachte Rede. „Als ich in der Provinz Seishu war, verfertigte ich ein Leinengewand, das sieben Pfund wog."

Jedoch auch beim Nachdenken handelt es sich um ein Tätigsein, und das Zen könnte genauso sagen: „Beim Tätigsein tu nichts als tätig sein. Beim Nachdenken tu nichts als nachdenken. Vor allem flattere nicht umher." Mit anderen Worten: Wenn du nachdenkst oder an etwas denkst, dann tu nichts als denken, aber denke nicht über das Denken nach. Doch würde das Zen auch bestätigen, daß das Nachdenken über das Nachdenken ein sinnvolles Tätigsein ist, sofern man nichts als genau das täte und nicht der Versuchung erläge, immer weiter zurückzugehen und sich immer

---

[19] Chinesisch *wu-hsin* (Nicht-Geist oder Nichtselbst-Bewußtheit) und *wu-nien* (Nicht-Gedanke oder Ablassen von Gedanken und Eindrücken)
[20] *Ummon Roku* (chinesisch *Yun-men Lu*)

wieder über das oder außerhalb dessen zu stellen, was man gerade tut. Man könnte also genauso sagen: „Beim Nachdenken über das Nachdenken tu nichts als über das Nachdenken nachdenken. Vor allem flattere nicht umher." Kurz, beim Zen geht es auch um die Befreiung vom Dualismus Denken kontra Tätigsein, denn es denkt, wie es tätig ist, nämlich mit der gleichen Qualität des völligen sich darauf Einlassens, der vorbehaltlosen Hingabe oder des Vertrauens. So handelt es sich bei der Haltung des *mushin* also keineswegs um den anti-intellektuellen Ausschluß des Denkens. Es handelt sich um ein Tätigsein, auf welchem Niveau auch immer, sei es der Physis oder der Psyche, wobei es darauf ankommt, nicht zu versuchen, *gleichzeitig* das betreffende Tätigsein von außen her zu beobachten und zu werten, das heißt also, es kommt darauf an, es auszuüben, ohne umherzuflattern oder Angst zu haben.

Es braucht eigentlich gar nicht mehr gesagt zu werden, daß, was für das Verhältnis von Denken und Tätigsein gilt, ebenso auf das Fühlen zutrifft, denn unsere Gefühle oder Emotionen angesichts des Lebens sind genauso ein *feedback* wie unsere Gedanken. Das Gefühl blockiert das Tätigsein, und es blockiert sich selbst als Form des Tätigseins, wenn es seinerseits diesem Hang verfällt, sich selbst endlos zu beobachten oder zu befühlen, wie das zum Beispiel der Fall ist, wenn man mitten in einer Situation der vollkommenen Freude plötzlich in sich hineinhorcht, ob man auch tatsächlich diesen Augenblick voll auskostet. Man gibt sich nicht mit dem Geschmack der Speisen zufrieden, sondern möchte auch noch seine eigene Zunge schmecken. Man gibt sich nicht mit dem Glücksgefühl zufrieden, sondern möchte auch noch fühlen, wie es sich anfühlt, glücklich zu sein, nur um ganz sicher zu sein, daß man ja nichts verpaßt.

Es gibt offensichtlich keine feste Methode zur genauen Bestimmung des Punktes, an dem in der jeweiligen Situation das Nachdenken in die Tätigkeit führen muß, und zu wissen, daß man jetzt genug überlegt hat, um guten Gewissens zur Tat schreiten zu können. Das ist immer eine Frage des Gespürs und des richtigen Urteilens. Doch bleibt in jedem Fall die Tatsache, daß wir trotz noch so umsichtigen und sorgfältigen Nachdenkens immer noch sehr weit von einer wirklichen Sicherheit entfernt sind. Letztlich bleibt jede Handlung ein Sprung ins Ungewisse. Die einzige Gewißheit, die wir über die Zukunft haben, ist die unbekannte Wirklichkeit namens Tod; letztlich stellt er das Symbol dafür dar, daß wir unser Leben nicht selbst in der Hand haben. Mit anderen Worten, unser Leben als Menschen wurzelt in einem unergründlichen Element des Unbekannten und Ungreifbaren. Im Buddhismus wird dieses als *shunya* oder Leere bezeichnet; im Zen ist das der *mushin* oder Nicht-Geist. Doch darüber hinaus geht es im Zen um das Anerkennen der Tatsache, daß ich nicht nur in diesem Unbekannten wurzle oder auf ihm in der zerbrechlichen Barke meines Leibes dahintreibe: Nein, es ist das Erkennen, daß dieses Unbekannte ich selbst bin.

Betrachtet man von diesem Standpunkt aus die Wirklichkeit, dann ist mein eigener Kopf ein leerer Raum inmitten der Erfahrung – eine unsichtbare und unvorstellbare Leere, die weder finster noch hell ist. Dieselbe Leere gähnt hinter jedem einzelnen unserer Sinne, sowohl unserer äußeren Sinnesorgane als auch unserer inneren Wahrnehmungsorgane. Sie tut sich auch jenseits der Anfänge meines Lebens auf, also jenseits meiner Empfängnis im Schoß meiner Mutter. Sie findet sich genauso im Zentrum der molekularen Struktur meines Organismus. Denn wenn der Arzt versucht, diese Struktur zu ergründen, stellt er fest, daß gerade der Akt, in sie hineinzuschauen, das verfinstert, was er sehen möchte. Das ist ein Beispiel für dasselbe Prinzip, auf das wir bereits die ganze Zeit gestoßen sind: daß, sobald unsere Augen versuchen, sich selbst anzuschauen, sie sich von sich selbst abwenden. Aus diesem Grund ist es üblich, die Einübung ins Zen mit einer der vielen Spielarten des *koan* anzufangen: „Wer bist du?", „Was ist deine ursprüngliche Natur, noch ehe du Vater und Mutter hattest?" oder „Wer ist das, der da diesen Leichnam herumträgt?"

Solche Methoden helfen zu entdecken, daß unsere „Selbst-Natur" (*svabhava*) „Nicht-Natur" ist und unser wahrer Geist (*shin*) „Nicht-Geist" (*mushin*). In dem Maß, in dem uns also aufgeht, daß das Unbekannte und Unvorstellbare unsere eigene ursprüngliche Natur ist, steht es uns nicht mehr als bedrohliche Wirklichkeit gegenüber. Es ist genau besehen nicht der Abgrund, in den wir fallen, sondern der Urgrund, aus dem heraus wir handeln und leben, denken und fühlen.

So können wir auch hier wieder sehen, wie angemessen es ist, vom Einssein zu sprechen. Es gibt keinen festgefügten Dualismus zwischen Nachdenken und Tätigsein mehr. Und was noch wichtiger ist: Es gibt keine Trennung mehr zwischen dem Wissenden einerseits und dem Nichtgewußten andererseits. Das Nachdenken ist Tätigsein, und der Wissende ist das Nichtgewußte und Unbekannte. Jetzt wird auch deutlich, wie zutreffend Aussprüche sind wie der von Ekai: „Tue, wie du willst; gehe, wie du fühlst, ohne weiteren Gedanken. Das ist der unvergleichliche Weg." Worte dieser Art zielen nicht darauf, das gewöhnliche Nachdenken, Beurteilen und Vorsichtigsein in Frage zu stellen. Sie sind nicht oberflächlich, sondern in einem sehr tiefen Sinn gemeint. Damit soll gesagt werden: Letzten Endes müssen wir aus einer Quelle heraus, die jenseits all unseres Wissens und Im-Griff-Habens liegt, handeln und denken, leben und sterben. Gelingt uns das nicht, dann können wir noch so sehr sorgen und zögern, in uns hineinschauen und unsere Motive überprüfen, es wird uns nicht viel helfen. Daher sind wir ohne Rücksicht darauf, was am Ende herauskommt, zu einer Wahl gezwungen: entweder angstvoll gelähmt zu bleiben oder einen herzhaften Sprung in die Tat zu wagen. Oberflächlich gesprochen mag das, was wir tun, mit relativen Maßstäben gemessen richtig oder falsch sein. Aber unsere Entscheidungen auf dieser oberflächlichen Ebene müssen von der ihnen zugrundeliegenden Überzeugung getragen sein, daß alles, was immer wir tun und was mit uns geschieht, letztlich richtig ist. Das bedeutet mit anderen Worten, wir müssen alles ohne jede *arrière pensée*, ohne jeden Hintergedanken des Bedauerns, Zögerns, Zweifelns oder der Selbstbeschuldigung angehen. In diesem Sinn gab Ummon auf die Frage „Was ist das Tao?" zur Antwort: „Geh weiter!"[21] Die Anweisung, ohne Hintergedanken zu handeln, ist jedoch keineswegs bloß ein Rezept, an das wir uns oberflächlich halten können. In Wirklichkeit ist man zu dieser Art von Handeln erst fähig, wenn man begriffen hat, daß man gar keine Alternative dazu hat, und wenn man erfaßt hat, daß man selbst das Unbekannte und nicht in den Griff zu Bekommende ist.

Was das Zen betrifft, ist diese Einsicht wenig mehr als der erste Schritt in einem langen Lernprozeß. Denn man muß sich vor Augen halten, daß das Zen eine Form des Mahayana-Buddhismus ist, in dem das *Nirvana* – die Befreiung aus dem tückischen Kreislauf des *Samsara* – nicht eigentlich das Endziel ist, sondern der Anfang des Lebens des *Bodhisattva*. Das Anliegen des *Bodhisattva* ist *upaya* oder *hoben*, das heißt die Anwendung dieser Einsicht auf alle Bereiche des Lebens, damit „alle fühlenden Lebewesen befreit" werden, und zwar nicht nur Menschen und Tiere, sondern auch die Bäume und das Gras und sogar der Staub.

Im Zen wird jedoch die Vorstellung des *Samsara* als eines ständigen Kreislaufes von Reinkarnationen nicht wörtlich genommen, und so hat das Zen auch seine eigene Vorstellung von der Aufgabe des *Bodhisattva*, alle Wesen aus dem Kreislauf endlosen Geborenwerdens und Sterbens zu befreien. Eine Deutung besteht darin, daß der Kreislauf von Geborenwerden und Sterben immer von einem Augenblick zum anderen stattfindet. Folglich ließe sich sagen, der Mensch sei in das *Samsara* in dem Maß verstrickt, in dem er sich mit einem Ich identifiziert, das kontinuierlich die ganze Zeit hindurch besteht. Folglich würde die wirkliche Ausübung des Zen erst an dem Punkt beginnen, wo der einzelne ganz mit dem Versuch aufgehört hat, sich selbst zu verbes-

---

[21] Ebd.

sern. Das scheint ein Widerspruch zu sein, denn uns ist die Vorstellung einer mühelosen Mühe, einer Spannung ohne Konflikt und einer Konzentration ohne Anstrengung fast vollkommen fremd.

Doch für das Zen ist es ganz wesentlich, daß jemand, der sich selbst zu bessern versucht, also besser werden möchte als er ist, zu kreativem Tun unfähig ist. Rinzai hat das so ausgedrückt: „Wenn du vorsätzlich darauf aus bist, ein Buddha zu werden, dann ist dein Buddha bloß *Samsara.*" Oder noch anders: „Wenn jemand das Tao sucht, so verliert er das Tao."[22] Der Grund dafür ist ganz einfach: Der Versuch, sich selbst zu bessern oder etwas aus eigener Kraft zu tun, ist eine Art, sein Tun in einen tückischen Zirkelschluß einzusperren, und es ist dann, als versuche man dauernd, mit seinen Zähnen nach den eigenen Zähnen zu beißen. Ein Ausweg aus dieser bizarren Lage eröffnet sich zu Beginn der Einübung in das Zen dann, wenn einem aufgeht: „Ich selbst, so wie ich bin, bin ein Buddha." Denn im Zen geht es nicht eigentlich darum, ein Buddha zu werden, sondern als ein Buddha zu handeln. Daher gibt es im Leben des *Bodhisattva* so lange keinen Fortschritt, wie man auch nur ein Stückchen Sorge oder Mühe darauf verschwendet, mehr zu werden, als man bereits ist. Auf ähnliche Weise vergißt jemand, der versucht, sich auf eine bestimmte Aufgabe zu konzentrieren, und dabei immer nur an das Ergebnis denkt, vor lauter Denken an das Ergebnis die Aufgabe.

Wie fruchtlos das Bemühen um die Verbesserung seiner selbst ist, kommt in zwei Gedichten des *Zenrin Kushu* zum Ausdruck:

Ein langes Ding ist der lange Leib des Buddha;
Ein kurzes Ding ist der kurze Leib des Buddha.

In der Landschaft des Frühlings gibt es kein Maß für Gewicht oder Wert;

---

[22] *Rinzai Roku*

Die Blütenzweige sind von Natur aus kurz und lang.

Auch im folgenden Gedicht von Goso geht es darum:

> Wenn du nach dem Buddha Ausschau hältst, wirst du den Buddha nicht sehen;
> Wenn du den Patriarchen suchst, wirst du den Patriarchen nicht sehen.
> Die süße Melone ist bis in den Stengel süß;
> Der bittere Kürbis ist bis zu den Wurzeln bitter.[23]

Manche Buddhas sind kurz, andere lang, manche Schüler sind Anfänger, andere weit fortgeschritten; aber jeder ist genau so, wie er ist, „richtig". Wenn er dagegen begierig darauf aus ist, sich zu verbessern, fällt er in den verhängnisvollen Kreislauf des Egoismus. Für den westlichen Geist mag die Anerkenntnis schwierig sein, daß sich der Mensch eher durch Wachsen als durch Selbst-Verbesserung entwickelt und daß weder der Körper noch der Geist dadurch wächst, daß er sich selbst streckt. So wie aus dem Samenkorn der Baum wird, so wird aus dem kurzen Buddha der lange Buddha. Das ist keine Frage des Sich-Besserns, denn der Baum ist kein verbessertes Samenkorn, und selbst die Tatsache, daß aus vielen Samenkörnern nie Bäume werden, ist in vollkommenem Einklang mit der Natur. Aus Samenkörnern werden Pflanzen, aus Pflanzen werden Samenkörner. Hier geht es nicht um höher oder niedriger, besser oder schlechter, denn in jedem Augenblick seines Wirkens hat der Prozeß als solcher die Fülle seines Sinns.

Eine Philosophie des Nicht-Wollens oder *mui*[24] weckt immer die Frage nach dem Ansporn. Wenn nämlich die Menschen, so wie sie sind, schon ganz richtig oder schon Buddhas sind – legt diese Selbst-Zufriedenheit dann nicht den kreativen Antrieb lahm? Die Antwort lautet: Handlungen,

---

[23] *Goso Roku* (chinesisch *Wu-tsu Lu*)
[24] Chinesisch *wu-wei* (Nicht-Tun oder von allein wachsen)

die einem äußeren Ansporn entstammen, haben nichts wirklich Kreatives an sich, denn das sind keine freien oder kreativen Taten, sondern konditionierte Reaktionen. Wahres Schöpferischsein ist immer zweckfrei, ohne Motiv darüber hinaus. Aus diesem Grund sagt man, ein echter Künstler bilde die Natur gemäß ihrer selbst ab und verstehe den wahren Sinn des Ideals der „Kunst um der Kunst willen". Oder, wie Kojisei in seiner *Saikontan* geschrieben hat:

„Wenn deine wahre Natur die schöpferische Kraft der Natur selbst hat, dann siehst du, wohin du auch gehst, (alle Dinge als) Fische springen und als Gänse fliegen."

ZWEITES KAPITEL

SPIELEN UND ÜBERLEBEN – SIND DAS UNBEDINGT GEGENSÄTZE?

Zu leben, scheint mir, ist ein spontaner Prozeß. Der chinesische Begriff für Natur lautet *tzu-jan* und bedeutet das, was so, wie es ist, aus sich selbst ist, oder das, was geschieht. Es ist sehr eigenartig, daß die Grammatik aller großen europäischen Sprachen so beschaffen ist, daß wir uns schwer tun, uns einen Prozeß vorzustellen, der aus sich selbst geschieht. Bei uns braucht jedes Verb ein Nomen als Subjekt, also jemanden, der es lenkt, und wir stellen uns vor, daß nichts geordnet ist, wenn es nicht jemand oder etwas ordnet, also wenn nicht jemand dafür verantwortlich ist. Folglich macht uns die Vorstellung eines Prozesses, der sich aus sich selbst ereignet, Angst, weil ihn keine Autorität zu lenken scheint. In den Vereinigten Staaten befinden wir uns in ernsten sozialen und politischen Schwierigkeiten, weil wir meinen, wir sollten in einer Republik leben, während die große Mehrheit der Bürger glaubt, das Universum sei als Monarchie organisiert. Solange man jedoch nicht wirklich glaubt, die Republik sei die beste Staatsform, kann man kein loyaler Bürger der USA sein, denn insgeheim wünscht man sich ständig einen Monarchen, also jemanden, dem man alle Verantwortung zuschieben kann. Wir übernehmen diese Verantwortung nicht selbst, und wir beklagen uns ständig, daß das, was wir sind, das Ergebnis unserer Vergangenheit sei: „Meine Mutter und mein Vater waren Neurotiker, und deshalb haben sie auch mich zum Neurotiker gemacht. Und auch ihre Väter und Mütter waren Neurotiker, und sie haben sie zu Neurotikern gemacht...", und so geht das zurück bis zu Adam und Eva. Sie erinnern sich, was im Garten Eden geschah: Gott stellte den ersten Menschen eine Falle. Er sagte zu ihnen, da gebe es einen ganz bestimmten Baum, von dessen Früchten sie nicht essen dürften. Hätte er tatsächlich nicht gewollt, daß sie davon äßen, dann hätte er von dem Baum gar nicht geredet. Aber indem er ihre Aufmerksamkeit auf ihn lenkte, war eigentlich klar, daß sie irgendwann davon essen würden.

Als Gott dann dem schuldbewußt dreinschauenden Adam begegnete, sagte er zu ihm: „Adam, hast du von der Frucht des Baumes gegessen, von dem ich euch gesagt habe, ihr solltet nicht davon essen?", und Adam entgegnete: „Die Frau, die du mir gegeben hast, die hat mich versucht, und da habe ich davon gegessen." Da schaute Gott die Eva streng an und sagte zu ihr: „Eva, hast du von der Frucht des Baumes gegessen, von dem ich euch gesagt habe, ihr solltet nicht davon essen?", und Eva erwiderte: „Die Schlange, die hat mich dazu verführt!" Sie sehen, der Schwarze Peter wird immer weitergeschoben. Schließlich schaute Gott die Schlange an, und – das steht freilich nicht in der Bibel – sie nickten einander zu. Sie hatten nämlich schon lange vorausgeplant, daß das Universum nicht nur als obrigkeitshöriges System eingerichtet werden sollte, wo einer spricht: „Ich, dein Gott, sage dir, tu jetzt dies und auf genau die folgende Weise", und der andere nickt und tut es automatisch so. An einer solchen automatischen Einrichtung hätte niemand seine Freude, denn sie wäre bar jeder Überraschung. Daher ist in der hebräischen Theologie davon die Rede, daß Gott dem Adam bei der Schöpfung etwas ins Herz gepflanzt habe, was als *Yetzer Ha-ra* bezeichnet wird, als „eigensinniger Geist". Dieser Geist ist sozusagen das Salz in der Suppe: Man will nicht die ganze Suppe versalzen, sondern nur eine gute Prise hineingeben, daß sie ihren besonderen Pfiff davon bekommt. So versah Gott den Adam bei seiner Erschaffung mit einer Prise Bosheit, damit der irgend etwas Überraschendes und anderes anstellen würde, etwas, das Gott nicht genau vorhersehen konnte. Dieser Punkt ist äußerst wichtig. Hier ist nämlich die Rede von unserem Gefühl der Identität, unserem Gefühl der Entfremdung und den Schwierigkeiten, in die wir uns selbst bringen, indem wir es als unsere oberste Pflicht ansehen zu überleben.

Stellen Sie sich vor, Sie selbst sind in der Position Gottes, eines Gottes gemäß der landläufigen Vorstellung, nämlich als Allmächtiger Vater. Das heißt dann also, Sie sind ein chauvinistischer Potentat und für ausnahmslos alles zuständig. Sie wissen alles Vergangene und alles Zukünftige, Sie haben den gesamten Kosmos voll im Griff, sie verfügen über absolute Macht – und es ist Ihnen sterbenslangweilig. Und so sagen Sie: „Mensch, geh verloren! Ich möchte endlich einmal eine Überraschung erleben!" Und da stehen Sie tatsächlich; Sie dürfen es bloß nicht zugeben. Das untrügliche Merkmal des Wahnsinns besteht darin, zu wissen, daß man Gott ist. Dieses Wissen ist absolut tabu, vor allem in der christlichen Religion.

Jesus wurde gekreuzigt, weil er dieses Wissen hatte, und die Christen sagten: „Na gut, Jesus war Gott, aber lassen wir es dabei. Niemand sonst ist es." Doch das Evangelium offenbart uns allen etwas, was die Hindus schon lange gewußt hatten: *tat tvam asi*, das bist du! Hätte Jesus in Indien gelebt, dann hätten ihm alle dazu gratuliert, darauf gekommen zu sein, statt ihn zu kreuzigen. In Indien hat es schon viele Menschen gegeben, die wußten, daß sie der verkappte Gott waren. Sri Ramakrishna, Sri Ramana, Krishna und der Buddha – sie alle haben das entdeckt, denn niemand hat den exklusiven Anspruch darauf, das zu sein, sondern wir alle sind es, und wenn ich Ihnen in die Augen schaue, sehe ich daraus das Universum mir entgegenschauen.

So leben wir in Verhältnissen, wo es als tabu gilt, zu wissen, daß wir Gott sind, und wir dürfen nicht zugeben, daß wir wissen, wer wir sind. Diese Ausbremsung unserer selbst verschafft uns das tragisch-spannende Gefühl, verloren zu sein, Heimatlose, Einsame, die nirgends dazugehören. Landläufig reden wir davon, daß wir *in* diese Welt kommen, aber das stimmt gar nicht. Wir kommen *aus* ihr. Auf dieselbe Weise, wie die Frucht aus dem Baum kommt, das Ei aus der Henne und der Säugling aus dem Mutterschoß, so sind wir Hervorbringungen des Universums. Wie es in der Netzhaut Myriaden kleiner Nervenendungen gibt, so sind wir die Nervenenden des Universums. Dabei geschehen faszinierende Dinge. Weil wir so viele sind, ist das Universum sehr vielseitig; so ist sein Selbstverständnis nicht ein für alle Mal festgelegt. Da sind wir, und wir möchten herausfinden, was da eigentlich vor sich geht. Wir schauen durch Teleskope, um die entferntesten Dinge zu erforschen, wir schauen durch Mikroskope, um die innersten Dinge zu entdecken, und je raffinierter unsere Instrumente werden, desto weiter rennt die Welt von uns weg. Je stärker unsere Teleskope werden, desto weiter dehnt sich das Universum aus. Wir selbst sind es, die vor uns selbst davonlaufen.

Vor etlichen Jahren hatten wir gemeint, wir hätten es. Wir hatten ein Ding namens Atom gefunden, und das war es. Aber da tauchte plötzlich das Elektron auf. Und dann war da jäh ein Proton. Schließlich ließen wir all das hinter uns, und es kamen alle möglichen weiteren Dinge ans Licht: Mesonen, Antipartikel..., es wurde immer schlimmer. Wir sind ein sich selbst beobachtendes System, sind wie der *ouroboros*, die Schlange, die sich in den eigenen Schwanz beißt und sich selbst auffrißt, um herauszufinden, was sie eigentlich ist. Die ganze Frage nach dem „Wer bin ich eigentlich?" ist so beschaffen. Wir sagen: „Ich möchte mich selbst sehen", aber schauen Sie sich Ihren eigenen Kopf an. Können Sie ihn sehen? Er ist nicht schwarz, und selbst hinter den Augen gibt es keinen leeren Raum – da ist nur ein blankes Nirgendwo. Genau das aber ist der springende Punkt. Die meisten von uns halten es für selbstverständlich, daß der Raum nichts ist, daß er nicht wichtig ist und über keine Energie verfügt. Aber immerhin ist der Raum die Grundlage des Daseins. Wie wären ohne Raum Sterne möglich? Die Sterne scheinen aus dem Raum heraus, und etwas kommt aus dem Nichts heraus, auf die gleiche Weise, wie wenn Sie unbefangen hinhören und alle Töne aus dem Schweigen herauskommen hören. Das ist zum Staunen. Das Schweigen ist der Ursprung des Klangs, genau wie der Raum der Ursprung der Sterne und die Frau der Ursprung des Mannes ist. Wenn Sie genau auf das hinhören und achten, was ist, entdecken Sie, daß es weder Vergangenheit noch Gegenwart gibt noch jemanden, der hinhört. Sie können sich selbst nicht hinhören hören. Sie leben im ewigen Jetzt, und *Sie sind das*. Das ist ungemein einfach, aber so ist es.

Nun, ich habe mit der Aussage angefangen, das Überleben, das Weiterleben sei ein spontaner Prozeß; das gleiche gilt für die Liebe. Das Problem ist, daß uns in unserer Kindheit unsere Eltern und die gescheiten Leute beigebracht haben, es sei unsere Pflicht, sie zu lieben. Gott selbst hat gesagt: „Du sollst den Herrn, deinen Gott, lieben mit deinem ganzen Herzen, mit deiner ganzen Seele, mit deinem ganzen Geist und deiner ganzen Kraft, und deinen Nächsten sollst du lieben wie dich selbst." Und so sagten unsere Mütter zu uns: „Nach dem Frühstück mußt du Stuhlgang haben", „Versuch jetzt einzuschlafen", „Schau nicht so komisch drein", „Hör auf mit Schmollen", „Du wirst ja rot", „Reiß dich zusammen!", „Paß doch besser auf!" All das sind Befehle, und die Grundregel dabei lautet: Ich erwarte von dir, daß du das tust, aber ich bin nur mit dir zufrieden, wenn du es freiwillig tust. Das ist der Grundsatz: Du *mußt* mich lieben. Es handelt sich um eine Verpflichtung auf Gegenseitigkeit, und deshalb ist jeder ausweglos darin verstrickt. Sagt der Mann zu seiner Frau: „Liebling, liebst du mich wirklich?", und sie sagt: „Na ja, ich versuch's, so gut ich kann", so reicht eine solche Antwort niemandem. Jeder will hören: „Ich habe dich zum Fressen gern. Ich kann gar nicht anders, als dich lieben. Ich bin dir unrettbar verfallen." So stehen wir unter dem Zwang, immer weiter zu lieben, genau wie wir unter dem Zwang stehen, immer weiter zu leben. Wir haben das Gefühl, daß wir weitermachen *müssen*, denn das ist unsere Pflicht. Wir sind des Lebens müde und haben Angst vor dem Sterben, aber *wir müssen weitermachen*. Warum eigentlich? Sie sagen vielleicht: „Andere sind von mir abhängig, ich habe Kinder, ich muß weiter arbeiten, um sie zu unterstützen." Bei all dem geht es im Grunde bloß darum, den Kindern wieder die gleiche Einstellung beizubringen, so daß auch sie sich wieder durchs Leben schleppen, um ihre Kinder zu unterstützen, die ihrerseits von ihnen lernen, daß sie sich weiterschleppen und bis zum bitteren Ende durchhalten müssen, und so endlos weiter.

So beobachte ich höchst verwundert den Lauf dieser Welt. Ich sehe alle die vielen Menschen hin und herlaufen, wie besessen ihre Autos steuern, um in ihre Büros zu kommen, wo sie ihr Geld verdienen – wozu? Damit sie auf diese Tour weitermachen und immer wieder das gleiche tun können, und es gibt nur sehr wenige, die wirklich Freude daran haben. Sensible Menschen werden dafür bezahlt, daß sie etwas vorspielen – das ist die Kunst des Lebens. Aber diese ganze Vorstellung, man müsse ewig strampeln und Gehirn und Nerven strapazieren, um weiterzuleben, ist völlig lächerlich. Albert Camus hat am Anfang seines Buchs *Der Mythos von Sisyphus* die folgende sehr feinsinnige Bemerkung gemacht: „Die einzig echte philosophische Frage lautet, ob man Selbstmord begehen soll oder nicht." Denken Sie darüber gründlich nach. Müssen Sie unbedingt weitermachen? Es wäre doch viel einfacher, aufzuhören. Es gäbe keine Probleme mehr, und niemand wäre da, der bedauern würde, daß es nicht weitergehe. Wie ist das – Sterben, Totsein? Einschlafen und nie mehr aufwachen. Es muß schrecklich sein, immer in der Finsternis zu sein! Aber so wäre es gar nicht. Es würde sich nicht anfühlen, als sei man für immer lebendig begraben. Es wäre vielmehr so, als hätte es einen nie gegeben. Und nicht nur, als hätte es einen nie gegeben, sondern auch, als hätte es nie irgend etwas gegeben. Es wäre also alles wieder so, wie es vor der eigenen Geburt war.

So wie Sie Ihren eigenen Kopf nicht sehen können, so ist die letzte Wirklichkeit, der Grund Ihres Daseins, nichts. Der buddhistische Ausdruck für die Leere lautet *shunyata*; das ist Raum, ist Bewußtheit, ist das, in dem „wir leben und uns bewegen und sind", ist Gott, die große Leere. Glücklicherweise gibt es keinerlei Möglichkeit zu wissen, was das ist, denn wenn wir es wissen *könnten*, würde uns die Langeweile befallen.

Vom holländischen Philosophen van der Leeuw stammt der Spruch: „Das Geheimnis des Lebens ist kein Problem, das man lösen, sondern eine Wirklichkeit, die man erfahren muß." Sie sehen, glücklicherweise treibt uns im Zentrum alles dessen, was wir wissen und spüren, eine ewige Frage um, und ewig beschäftigt uns das Problem, daß wir nicht wissen, was das ist. Aus diesem Grund bleibt das Leben interessant. Wir versuchen es immer herauszufinden, aber das Leben läßt sich die Antwort nicht abringen. Um Antworten auf die Frage: „Was ist wirklich?" zu finden, gibt es nur die Möglichkeit, Einteilungen, Klassifizierungen vorzunehmen. Bist du du, oder bist du's nicht? Bist du männlich oder weiblich? Bist du Republikaner oder Demokrat? Bist du Tier, Pflanze, Mineral, Klempner, Schneider, Soldat, Seemann, Reicher, Armer, Bettler, Dieb? Wir alle werden klassifiziert, aber das, was grundsätzlich *ist*, das läßt sich nicht klassifizieren. Niemand weiß, was es ist, und man kann die Frage in Wirklichkeit auf sinnvolle Weise gar nicht stellen.

Es gibt viele philosophische Theorien darüber, was die Wirklichkeit sei. Manche sagen: „Die Wirklichkeit, das ist etwas Materielles. Wie Sie wissen, gibt es etwas, das man als *Stoff* bezeichnet." Und da Philosophen mit Vorliebe in Universitäten vor Tischen ihre Vorlesungen halten, haben sie immer die Möglichkeit, auf den Tisch zu klopfen und zu sagen: „Ist nun also dieser Tisch wirklich oder nicht?" Als Dr. Johnson von Bischof Berkeleys Theorie hörte, alles spiele sich in Wirklichkeit nur in unserem Geist ab, trat er mißbilligend gegen einen Stein und sagte dazu: „Für jeden Menschen mit gesundem Menschenverstand ist doch dieser Stein eine materielle und physikalische Wirklichkeit." Subtilere Denker sagen andererseits: „Nein, es gibt gar nichts Materielles. Alles ist eine Konstruktion unseres Geistes. Die gesamte Welt ist ein Phänomen unseres Bewußtseins." Zu Bischof Berkeleys Zeit wußte man noch nicht viel von Neurologie. Heute wissen wir sehr viel mehr darüber, und wir können die gleiche Auffassung sehr viel differenzierter vertreten: Die Struktur Ihres Nervensystems ist ausschlaggebend dafür, welche Welt Sie sehen. Mit anderen Worten: In einer Welt ohne Augen wäre die Sonne kein Licht. In einer Welt ohne taktile Nervenenden wäre das Feuer nicht heiß. In einer Welt ohne Muskeln wären Felsen nicht schwer, und in einer Welt ohne weiche Haut wären Steine nicht hart. Sie sehen: Alles ist beziehungsweise. Auf die alte Frage, ob, wenn ein Baum in einem Wald umbricht und das gar niemand hört, dieser ein Geräusch macht oder nicht, ist die Antwort ganz einfach. Beim Geräusch handelt es sich um eine Beziehung zwischen Luftschwingungen und dem Trommelfell. Wenn ich auf eine Trommel schlage, die kein Fell hat, kann ich noch so fest zuschlagen, es ergibt keinen Klang. So kann auch die Luft endlos weiterschwingen, aber wenn sie auf kein Trommelfell oder Hörnervensystem trifft, entsteht kein Geräusch. Wir nehmen die Welt mittels unserer leiblichen Gegebenheit anhand der Schwingungen wahr, die ohne uns Leere wären. Wir schaffen die Leere, aber wir sind auch in der Welt. Unsere Körper und unsere Nervensysteme sind etwas in der äußeren Welt. Sie, der Zuhörer, sind in meiner Außenwelt, und ich bin in Ihrer Außenwelt. Das ist also die Geschichte von der Henne und dem Ei, eine recht faszinierende Angelegenheit. Betrachtet man die Angelegenheit von einem konsequent neurologischen Standpunkt aus, so erschaffen wir die Welt, in der wir leben, selbst, und zugleich sind wir etwas, was die Welt hervorbringt. Der Physiker wird Ihnen erklären, daß Sie genau wie alles andere ein Bündel summender elektronischer Substanzen und Prozesse darstellen. Die Wirklichkeit ist ein einziges Jazzkonzert, und das ist absolut wunderbar, denn durch Sie ist sie sich ihrer selbst bewußt.

Das gesamte Dasein ist Schwingung, und alle Schwingungen haben grundsätzlich zwei Seiten. Nennen wir die eine „eingeschaltet", die andere „ausgeschaltet". Wenn ich im Kino neben einem Mädchen sitze, mich zu ihm hingezogen fühle und ihm die Hand aufs Knie lege und die Hand dort ruhen lasse, wird sie das zunächst merken, aber wenn ich meine Hand nicht mehr bewege, wird sie schließlich nichts mehr spüren. Lasse ich dagegen meine Hand nicht einfach dort ruhen, sondern fange an, ihr Knie zu streicheln oder zu tätscheln, wird die Empfindung ständig ein- und ausgeschaltet, ein und aus, und das Mädchen merkt, daß ich etwas von ihm will. Alles, was wir wahrnehmen, funktioniert auf diese Weise des Ein-Aus-Ein-Aus-Ein-Aus-Ein-Aus-Ein-Aus. Nehmen Sie die Wahrnehmung des Lichts. Die Schwingung des Lichts ist so schnell, daß die Netzhaut das Aus gar nicht registriert, sondern dauernd das Ein beibehält, und so kommen uns die Dinge, die wir mit unseren Augen sehen, relativ stabil vor. Schließen wir dagegen die Augen und horchen, so hören wir sowohl das Ein wie das Aus, vor allem in den unteren Klangregistern. Bei den hohen Klangregistern können Sie das Aus nicht hören, sondern Sie hören nur das Ein. Aber wenn Sie zu den niedrigeren Registern kommen, hören Sie das Ein und das Aus der Schwingung. Tatsächlich ist alles, was physikalisch existiert, ständig in Schwingung begriffen, ist positive und negative Elektrizität. Lesen Sie die ersten beiden Abschnitte über die Elektrizität in der 14. Auflage der *Encyclopedia Britannica*. Das ist ein gelehrter wissenschaftlicher Artikel mit allen möglichen Formeln und technischen Informationen, aber er fängt mit reiner Metaphysik an. Der Autor sagt: „Die Elektrizität ist etwas Absolutes. Wir kennen nichts anderes dergleichen. Sie ist etwas Fundamentales..." Sie sehen: Das ist theologische Rede pur.

So ist das also – alles geht immer Ein und Aus, wird männlich und weiblich, *yang* und *yin*, jetzt sieht man's und jetzt nicht. Uns, die vom 19. Jahrhundert herkommen, wurde die Vorstellung beigebracht, dieses ewige Ein- und Ausgehen der Energie sei im Grunde eine stupide Sache, etwas rein Mechanisches. Freud nannte es Libido. Andere haben es als blinde Energie bezeichnet, und daher fühlen wir Menschen uns als winzige Rädchen im Getriebe. Wenn eine Million Affen auf einer Million Schreibmaschinen eine Million Jahre lang schreiben würde, könnte es statistisch gesehen sein, daß der Text der Bibel zustande käme. Aber wenn sie dann nach getaner Arbeit wieder alle weglaufen würden, würden sie sich natürlich wieder in Nonsens auflösen. So sind wir also dazu erzogen worden, uns als winzige Rädchen im Mechanismus zu fühlen, als schlichte Zufallsprodukte. Das nennt man Entfremdung, und darin liegt das große Problem. Mir scheint es völlig offensichtlich zu sein, daß wir keine Zufallsprodukte sind. Manche sagen, wir seien nichts als ein winziges Bakterium, das auf einem Steinbrocken umherkriecht, der als unwichtiger Stern im Außenbereich einer kleineren Galaxie seine Kreise zieht. Warum sagen die Menschen so etwas? Weil sie damit zum Ausdruck bringen wollen: „Ich bin ein ganz realistischer Typ. Mir kann man nichts vormachen. Ich schaue auf die Fakten, und das sind harte Fakten. Die Vorstellung, daß irgendwo da oben einer sich um jeden von uns kümmert, ist etwas für alte Frauen und Schwächlinge. Ich halte das ganze Universum für einen Klumpen Scheiße." Diese Meinung werfen Ihnen manche Leute an den Kopf. Achten Sie immer auf die persönliche Philosophie eines Menschen, um richtig einzuordnen, was er über sich selbst sagt. Ihre Philosophie bestimmt die Rolle, die Sie spielen, das Spiel, auf das Sie sich einlassen. Ich gebe offen zu, daß ich mein Spiel an meiner Philosophie ausrichte. Das ist meine Lebenstat. Und wenn ich mir schon eine Lebenstat wähle, dann will ich die denkbar beste wählen, die ich mir vorstellen kann, und ich sage: „Zum Teufel mit diesem ganzen Unsinn. Ich weiß durchaus, daß ich nicht von Dauer bin, sondern daß ich eine zeitweilige Manifestation von Etwas bin, von dem es nichts Etwaseres mehr gibt." Genau so möchte ich es haben. Ich bin eine Manifestation der Wurzel und des Grunds des Universums, also dessen, was die Menschen Gott, Atman oder Brahman nennen. Und ich meine, es macht Freude, das zu wissen. Es macht Freude, das nicht bloß als Theorie zu kennen, sondern als positive Wahrnehmung, die man tatsächlich fühlen kann. Daher sehe ich meine Aufgabe darin, soweit irgend möglich dieses Gefühl mit Ihnen zu teilen, damit Sie keine Psychotherapie mehr brauchen, keine Gurus mehr und nicht noch eine weitere Religion. Schwingen Sie einfach mit ein!

Allerdings: Manche religiösen Formen, die es gibt, können gelegentlich ganz anregend sein. Meine Lieblingskirche ist die russisch-orthodoxe Kathedrale in Paris, wo sie sich darauf verstehen, das Leben in vollen Zügen zu genießen. Sie haben Gold, Weihrauch, Ikonen, Massen von Kerzen und eine grandiose Musik. Die Priester treten aus dem verborgenen Heiligtum hinter den Königstüren, die die Hauptkirche vom inneren Heiligtum trennen, und wenn die Türen aufgehen, kommt jemand heraus, der wie der leibhaftige Gottvater aussieht und in prächtige Gewänder gekleidet ist, und das dauert fort und fort, und wenn es einem langweilig wird, dann geht man zwischendurch über die Straße zu einem Wodkaladen, wo es Wodka, Kaviar und *piroshki* gibt. Jeder gönnt sich dort etwas, und dann geht man wieder in die Kirche hinüber. Diese Art Religion ist wie ein Tanzen, sie ist ein Ausdruck der Lebensfreude, und dort wird nicht davon geschwätzt, was Gott tun soll und was wir tun müssen, denn alles ist im alten Kirchenslawisch, das sowieso kein Mensch versteht. Alle machen einfach grandiose, herrliche Geräusche. Im wesentlichen ist das alles Musik, und Musik besteht im wesentlichen aus Spielen.

Darin steckt nun allerdings eines der großen Geheimnisse des Daseins, denn Musik muß sich genau wie das Überleben nicht eigentlich ereignen. Musik ist eine ziellose Phantasie. Tanzen ist das gleiche, nur in der Form der Bewegung. Wenn man tanzt, geht man nirgendwohin, sondern immer bloß im Kreis herum, und so sind Musik und Tanz Abbilder des Universums. Nach Auffassung der Hindus dreht sich das Universum unablässig im Kreis, während der heilige Augustinus von Hippo der Auffassung war, das Universum bewege sich geradlinig voran. Das war eine der verhängnisvollsten Vorstellungen, die je die abendländische Zivilisation befallen haben. Wäre die Zeit zyklisch, dann hätte Jesus Christus immer und immer wieder gekreuzigt werden müssen. Es wäre folglich nicht zu dem einen vollkommenen und ausreichenden Opfer gekommen, das alle Sünden der ganzen Welt zu tilgen vermag. Die Zeit mußte als gerade Linie von der Schöpfung bis zur Vollendung am Tag des Jüngsten Gerichts verlaufen. An diesem Punkt hörte man dann mit dem Weiterdenken auf, denn man wußte nicht, was man eigentlich weiter tun sollte, falls man tatsächlich den Himmel erreichte. Was man dagegen in der Hölle alles tun konnte, das konnten sich die Leute lebhafter vorstellen. Schaut man sich im Metropolitan Museum Jan van Eycks Gemälde vom Jüngsten Gericht an, dann sieht man eindeutig, daß sich im Himmel alle schrecklich langweilen. Sie sitzen dort alle herum wie die Katze, die gerade den Kanarienvogel gefressen hat. Reihenweise sind sie um Gott den Allmächtigen versammelt, der den Vorsitz führt und genauso gelangweilt dreinschaut. Unten dagegen, da ist etwas los. Da breitet ein Schädel mit Fledermausflügeln seine grausigen Schwingen aus, und splitternackte Leiber winden sich, werden von Schlangen gebissen und plagen einander gegenseitig. Da unten feiern sie die tollste Orgie. Dagegen sind alle die honorigen Leute im Himmel droben dazu verdonnert, für immer in der Kirche zu bleiben, und ihr Zustand endgültiger Langeweile ist offenkundig.

Oder schauen Sie sich Gustave Dorés Illustrationen zu Dantes *Divina Commedia* an. Er war ein großartiger Bilderstecher, und während er beim Thema des *Inferno* in Phantasien schwelgt, geht ihm für das *Paradiso* die Phantasie völlig aus. Alles, was er zustandebringt, sind Damen in weißen Nachthemden, die am Himmel ihre Kreise ziehen; gemeint sind natürlich Engel. Er hat keine Ahnung, was ein Engel ist! Tatsächlich haben die allerwenigsten Menschen eine richtige Vorstellung vom Paradies. Und es ist verblüffend, daß unsere Vorstellungen vom Paradies so schwach entwickelt sind. Man sollte eigentlich alle Schüler regelmäßig anhalten, Phantasieaufsätze über den Himmel zu schreiben, um ihre Phantasie diesbezüglich anzukurbeln. Genau genommen liegt es daran, daß wir nie haben wahrhaben wollen, daß wir uns den Himmel als vollkommen nutzlosen Zustand vorstellen. Welchem Zweck dient unsere Vorstellung von Gott? Offensichtlich überhaupt keinem. Das ist wie bei Kindern, die noch klein und weise sind: Sie machen Geräusche wie: Da-da, Gu-gu. Diese Klänge haben keinen Sinn, verfolgen keinen Zweck – und genau so ist das Universum.

Der springende Punkt ist also: Das Leben hat wie die Musik seinen Zweck in sich selbst. Wir leben in einem ewigen Jetzt, und wenn wir uns Musik anhören, dann hören wir nicht auf Vergangenes, wir hören nicht auf Zukünftiges, sondern wir hören auf Gegenwärtiges, das sich vor uns entfaltet. Genau wie wir ein Gesichtsfeld haben, das sich in die Breite und die Ferne erstreckt, so ist auch der gegenwärtige Augenblick nicht bloß ein Haarstrich auf der Zeitlinie, die die Uhr mißt. Der gegenwärtige Augenblick ist ein Erfahrungsfeld, das sehr viel mehr als ein bloßer Augenblick ist. Eine Melodie hören, heißt auch die Intervalle zwischen den Tönen hören. Innerhalb des gegenwärtigen Augenblicks können wir Intervalle hören und Rhythmen sehen. So können wir innerhalb jedes Augenblicks spüren, daß sich etwas Kontinuierliches abspielt.

Wenn ich also vom ewigen Jetzt spreche, dann ist das nicht zu verwechseln mit dem Bruchteil einer Sekunde; das ist nicht das gleiche. Das ewige Jetzt ist geräumig, leicht und reich, aber auch leichtsinnig! Jesus sprach tatsächlich vom Leichtsinn: „Seht die Lilien des Feldes, wie sie wachsen. Sie graben nicht, sie spinnen nicht, und doch war Salomo in all seiner Pracht nicht gekleidet wie eine von ihnen." Damit soll gesagt werden: Sorgt nicht ängstlich für das Morgen, sondern gönnt euch ein wenig Leichtsinn.

Es gibt einen göttlichen Leichtsinn. Die Liebe, die die Sonne und die anderen Sterne bewegt, ist Leichtsinn. Daher könnte man von Gott sagen, er sei ernsthaft, aber nicht ernst. Wenn eine schöne und attraktive Frau zu mir sagt: „Ich liebe dich", und ich sage darauf: „Meinst du das im Ernst, oder spielst du nur mit mir?", dann ist das die falsche Antwort, denn ich hoffe ja, daß sie so leichtsinnig ist, tatsächlich mit mir zu spielen. Sie sehen, das Spielerische macht geradezu das Wesen der Energie des Universums aus. Es ist Musik. Und meiner Meinung nach hat gute Musik, wie etwa diejenige von Bach, keinen Sinn. Klassische Musik, sei es im Abendland, bei den Hindus oder den Chinesen, hat keinen anderen Sinn als ihren eigenen Klang. Und auch Worte an sich haben keinen Sinn, genau wie die Musik. Worte sind Geräusche, die etwas anderes als sich selbst darstellen und darauf verweisen. Dollarnoten stellen Reichtum dar, Landkarten Gebiete; auch Worte stellen immer etwas anderes dar. Das Geräusch „Wasser" macht Sie nicht naß. Sie können das Geräusch „Wasser" nicht trinken. Daher ist das Wort ein Symbol und verweist auf etwas anderes als auf sich selbst. Und doch sagen wir von Worten, daß sie einen Sinn hätten. Und die Menschen werden ganz unzufrieden, weil sie wollen, daß das Leben einen Sinn habe, als bestehe es aus Worten. Goethe war ganz scharf darauf: „... alles Sterbliche ist nur ein Gleichnis". Ein Gleichnis, ein Symbol wovon? Was ist *Ihr* Sinn? Als ob Sie einen Sinn haben sollten, als ob Sie ein bloßes Wort wären, als ob Sie etwas wären, das man in einem Wörterbuch nachschlagen kann! Sie *sind* sinnvoll. Das ist der springende Punkt: Der Sinn, das Gute am Leben liegt im Hier und Jetzt. Wir gehen nicht anderswohin. Schauen Sie auf die Straße hinaus, und Sie sehen lauter Leute, die verbissen meinen, sie gingen irgendwohin und sie hätten etwas ganz Wichtiges zu tun. Ihr Blick schweift in die Ferne und ihre Nasen sind hoch erhoben. *Sie gehen irgendwohin, sie verfolgen einen Zweck, sie müssen unbedingt etwas erreichen.* Wenn Sie sich hier und jetzt befinden, da, wo Sie zufällig gerade sind, geht Ihnen da auf, daß Sie nirgendwo hingehen müssen? Genau dort, wo Sie sind, kommt es darauf an. Aus diesem Grund nennen die Hindus das wahre Selbst von uns allen das *atman*, den Menschen, auf den es ankommt. In der buddhistischen Ikonographie gibt es ein Wesen namens Avalokiteshvara, im Japanischen als Kannon bekannt, im Chinesischen als Kuan-yin und im Tibetischen als Chenrezigs. Diese Namen werden gewöhnlich mit „Gottheit des Erbarmens" übersetzt, und diese Gottheit wird mit tausend Armen dargestellt, die in alle Richtungen greifen. Es ist also der kosmische Tausendfüßler, die Verkörperung des Mitleidens. Sie ist nicht eindeutig weiblichen oder männlichen Geschlechts, sondern ein Hermaphrodit, also weiblich-männlich in einem. Avalokiteshvara bedeutet die allzeit Wachende, diejenige, die immer sorgend da ist.

Die Sprache ist einfach etwas Faszinierendes. Wir könnten uns darauf einlassen und alle möglichen Spiele mit Wörtern und ihrer Musik und Magie treiben. Doch im Augenblick will ich vor allem auf den folgenden Punkt hinaus: Eine Kultur, die den Leichtsinn ausschließt, hat das Eigentliche des Lebens verloren. Aus diesem Grund sind die chinesischen Kommunisten in extremer Gefahr. Sie sind das ernsteste Volk, sie mühen sich am verbissensten um das Überleben. Der Lebensstil in China ist – wie auch im kommunistischen Rußland – eintönig und grau, weil man dort meint, es komme im Leben nur darauf an, weiterzuleben, und so lange man das schaffe, habe man das Wichtigste geschafft, ganz gleich, wie schrecklich die Nahrung und wie farblos die Kleidung ist. Aber damit verkennt man den springenden Punkt. Der Fehler findet sich auf Seite 224 von Mao Tse-tungs Rotem Buch, wo er schreibt: „Wesentlich ist eine gefurchte Stirn, die nachdenkt", so, als habe die Anspannung der Stirnmuskeln irgend etwas mit klarem Denken zu tun. Das widerspricht völlig Lao-tse, dem größten chinesischen Philosophen, dem Vater der Weisheit. Durch bloße Anspannung verleiht man seinem Geist oder seinem Nervensystem nicht größere Effizienz. Das ist eine grundlegende Wahrheit über das psycho-physische Funktionieren. Mao Tse-tung macht diesen Fehler, und das verrät einen übersteigerten Ernst. Genau auf diesen Punkt kommt es mir an: Das Leben ist nicht lebenswert, wenn es zwanghaft ist. Man könnte sich fragen, warum nicht mehr Menschen Selbstmord begehen. Von der großen Mehrzahl der Menschen kann man sagen, daß sie entweder Angst davor haben oder mit dem Gefühl leben, es sei absolut notwendig, weiterzumachen, denn, wie es heißt, „solange man noch lebt, hat man immer noch Hoffnung" (was ich für einen schrecklichen Spruch halte), oder sie begehen einfach deshalb nicht Selbstmord, weil sie Freude am Tanzen haben. Selbst wenn Sie nicht besonders reich sind und ziemlich einfach leben, schenken die Gemeinschaft mit anderen Menschen, der Anblick der Sonne und der Sterne, das Rascheln des Grases und das Rauschen des Wassers Ihrem Leben seine eigene Rechtfertigung. In einem Haiku-Gedicht heißt es: „Die lange Nacht, das Rauschen des Wassers, sie sagen, was ich denke."

Hier ist von dem die Rede, was ich als die Dimension des Spielens zu beschreiben versuche. Auf Sanskrit heißt das Spiel *lila*. Aus derselben Wurzel wie *lila* stammt das englische Wort „lilt" (rhythmische Weise, Schwung). Das Universum wird im Sanskrit als *Vishnu-lila* bezeichnet, also als das Spiel oder der Sport von Vishnu. Wenn wir vom Spielen sprechen, denken wir unter anderem auch an das Theater. Das Theater ist ein sehr merkwürdiges Phänomen; zu ihm gehören eine Bühne und ein Vorhang. Hinter der Bühne gibt es eine Garderobe, in der sich die Spieler ankleiden. Sie wissen, wer sie in Wirklichkeit sind, ehe sie in die Rollen der für sie bestimmten Personen schlüpfen. Mit „Persona" ist ursprünglich eine Maske gemeint, durch die hindurch man spricht. Das Wort kommt aus dem Lateinischen und ist zusammengesetzt aus *per* = hindurch und *sonare* = tönen. Auf der Freilichtbühne des griechisch-römischen Theaters hielten sich die Schauspieler Masken vor das Gesicht und sprachen durch sie hindurch ihre Rolle. Die Masken hatten megaphonartige Mundstücke, so daß die Stimmen weit hinaus vernehmbar waren. Ganz ähnlich projizieren wir ein Bild unserer selbst in die Außenwelt, das nicht authentisch wir selbst sind, sondern bei dem es sich um unsere Maske bzw. „Rolle" handelt, die wir spielen möchten. Die Spieler treten also mit ihren Masken auf die Bühne, und es geht ihnen darum, die Zuschauer davon zu überzeugen, daß das, was sich auf der Bühne abspielt, wirklich ist. Die Zuschauer wissen zwar auf Grund des Bühnenbildes und der Absperrung, die sie von der Bühne trennt, daß die Vorgänge auf der Bühne nicht wirklich sind, aber trotzdem bringen es die Schauspieler fertig, so gut zu spielen, daß die Leute weinen, lachen, schreien und vor Angst auf ihrer vordersten Sitzkante hocken. Treiben Sie jetzt diese Anordnung in ihr äußerstes Extrem und stellen Sie sich die überzeugendsten Schauspieler und das teilnahmsvollste Publikum vor – dann sind wir bei uns selbst! Sie sehen, unser Leben ist ein Spiel. Aber wir nehmen es todernst, und deshalb können wir es nicht mehr durchschauen. Wir beuten einander gegenseitig aus, bringen einander um und sind gemein zueinander, aber wir haben keinen wirklichen Grund dazu. Aber trotzdem können wir es gelegentlich verstehen und durchschauen, und dann geht uns auf, daß dieses ganze Leben ein *joke*, ein Witz ist. Der Joker im Kartenspiel ist die Karte, die in jede Rolle schlüpfen kann, und folglich ist er das Symbol dafür, was Gott in der Welt ist. Früher hatten die Könige immer einen Hofnarren, und der Hofnarr galt als Verrückter. Das war ein Schizophrener, der unvorhersehbare Sprüche zum Besten gab, über die jedermann in schallendes Gelächter ausbrach, weil er zusammenhanglose Dinge sagte. Schizophrene verfügen über eine eigene Art von Freiheit, denn sie scheren sich um nichts. Ein schizophrenes Kind kümmert sich nicht darum, ob es von einem Auto überfahren wird – was passiert, das passiert eben. So hielten sich die Könige diese Schizophrenen, und das waren komische Gestalten, die zu Füßen des Königs auf seinem Thron saßen, um ihn daran zu erinnern, daß er sich nicht zu wichtig nehmen sollte, wie es etwa Shakespeare im Stück „Richard der Zweite" beschreibt:

Denn im hohlen Zirkel,
Der eines Königs sterblich Haupt umgibt,
Hält seinen Hof der Tod: da sitzt der Schalksnarr,
Höhnt seinen Staat und grinst zu seinem Pomp;
Läßt ihn ein Weilchen, einen kleinen Auftritt
Den Herrscher spielen, drohn, mit Blicken töten;
Flößt einen eitlen Selbstbetrug ihm ein,
Als wär' dies Fleisch, das unser Leben einschanzt,

Unüberwindlich Erz; und, so gelaunt,
Kommt er zuletzt und bohrt mit kleiner Nadel
Die Burgmau'r an, und – König, gute Nacht!²⁵

Shakespeare ist voller solcher Weisheiten; in „Der Sturm"
spricht er von der Vergänglichkeit des Lebens:
Das Fest ist jetzt zu Ende; unsre Spieler,
Wie ich euch sagte, waren Geister und
Sind aufgelöst in Luft, in dünne Luft.
Wie dieses Scheines lockrer Bau, so werden
Die wolkenhohen Türme, die Paläste,
Die hehren Tempel, selbst der große Ball,
Ja, was daran nur teilhat, untergehn;
Und, wie dies leere Schaugepräng' erblaßt,
Spurlos verschwinden. Wir sind solcher Zeug
Wie der zu Träumen, und dies kleine Leben
Umfaßt ein Schlaf.²⁶

In der Dichtung sind die phantastischsten Aussagen über das Unwirkliche, das jenseits unseres Wissens Liegende möglich. Alles ist vergänglich. Wir, jede und jeder von uns, sind keine substantielle Wesenheit, sondern eine Art Flamme. Eine Flamme ist ein Strom heißen Gases, wie ein Wirbel in einem Fluß, immer sich bewegend, immer sich verändernd, und doch scheint es immer die gleiche zu sein. Jeder von uns ist ein Fließen, und wenn man diesem Fließen widersteht, wird man verrückt. Man ist dann wie jemand, der mit der Hand krampfhaft Wasser festhalten will – je stärker er klammert, desto rascher schlüpft es ihm durch die Finger. So kommt im Leben alles darauf an, sich an nichts zu hängen, sondern alles loszulassen. Das ist nicht als Vorschrift gesagt, nicht als moralischer Appell; es hat nichts damit zu tun, was man „machen muß", wozu man verpflichtet ist usw., sondern es ist als rein praktische Beobachtung formuliert.

---

[25] W. Shakespeare, König Richard der Zweite, übers. v. August Wilhelm Schlegel, Stuttgart 1993, 50 (3. Aufzug, 3. Auftritt)

[26] W. Shakespeare, Der Sturm, übers. v. August Wilhelm Schlegel, Stuttgart 1976, 53 (4. Aufzug, 1. Auftritt)

DRITTES KAPITEL

DIE RELEVANZ DER FERNÖSTLICHEN PHILOSOPHIE

(Der folgende Vortrag wurde vor den Mitgliedern einer christlichen theologischen Einrichtung gehalten. So äußert sich Watts hier vor allem über die Relevanz der asiatischen Philosophie für das christliche Denken.)

Die abendländische Theologie hat sich noch nicht sonderlich um die Förderung des Studiums anderer Religionen bemüht, sondern sich auf die christliche Tradition konzentriert. Wo vergleichende Religionswissenschaft betrieben wurde, fand das meistens in theologischen Schulen statt, die missionarisch ausgerichtet waren. Das ist merkwürdig. Wer Theologie studierte, wurde immer ermutigt, in den anderen Religionen widersprüchliche Gedankengänge aufzudecken, um daraus Argumente für ihre Widerlegung zu gewinnen. Wenn man jedoch als oberstes Prinzip ansetzt, daß die eigene die einzig wahre Religion ist, hat es da überhaupt viel Sinn, eine andere Religion zu studieren? Man findet dann ja immer ziemlich schnell Gründe, den andern zu beweisen, daß sie der eigenen Religion unterlegen sind, weil das von vornherein der methodische Ansatz war – sie konnten gar nicht anders, als unterlegen zu sein. So spielt bei allen Diskussionen über die unterschiedlichen Religionen ein und dieselbe Person den Richter und den Anwalt. Wenn sich zum Beispiel Christen auf die Diskussion einlassen, ob Jesus Christus eine tiefere und spirituellere Gestalt war als der Buddha, dann halten sie sich dabei an Wertmaßstäbe, die natürlich christlich sind, und folglich spielen sie Richter und Anwalt zugleich. Ich kann nur staunen über diesen christlichen Imperialismus, der sogar unter theologisch Liberalen im Schwange ist und in der Praxis seinen absurden Gipfel in der religionslosen Religion erreicht – nämlich in der Auffassung, es gebe gar keinen Gott, und Jesus Christus sei sein einziger Sohn. Spätestens an diesem Punkt wird unsere ängstliche Beflissenheit offenbar, daß wir irgendwie selbst dann noch Christen bleiben möchten, wenn wir eigentlich gar nicht mehr an Gott glauben.

Offensichtlich ist die christliche Kirche eine sehr merkwürdige Organisation, die man recht verstehen muß. So wie die Kirche sich praktisch darstellt, handelt es sich bei ihr um die Gesellschaft der Erlösten. Eine Gesellschaft der Erlösten braucht aber für ihr Selbstverständnis notwendigerweise eine Gesellschaft der nicht Erlösten. Alle sozialen Gruppen, die für sich irgendeinen besonderen Status beanspruchen, müssen unvermeidlich andere zum nicht Dazugehörigen und Fremden erklären. Der heilige Thomas von Aquin ließ einmal die Katze aus dem Sack, als er äußerte, die Heiligen im Himmel würden gelegentlich kurz in das Gewühle in der Hölle schauen und Gott dafür preisen, daß die Übeltäter so gerecht bestraft würden.

Im bin mir durchaus im klaren darüber, daß ich mit der modernen Theologie nicht besonders fair oder freundlich umgehe; aber ich spüre eben dieses merkwürdig hartnäckige Festhalten daran, daß unser Verein der beste Verein ist, und ich kann mich des Gefühls nicht erwehren, daß darin etwas ganz besonders Unreligiöses steckt und daß es zudem einen sehr seltsamen Mangel an Glauben verrät. Zwischen Glauben (*faith*) einerseits und Fürwahrhalten (*belief*) andererseits klafft ein himmelweiter Unterschied. Genau besehen handelt es sich beim Fürwahrhalten um ein Wunschdenken, das im Gegensatz zum Glauben steht. Das englische „belief" stammt aus der angelsächsischen Wurzel *lief* für „wünschen", und bei diesem Wunschdenken, wie es im Apostolischen Glaubensbekenntnis zum Ausdruck kommt, handelt es sich um ein glühendes Hoffen darauf, daß das Universum schließlich dahin kommen werde, so und so beschaffen zu sein. Ein solches Wunschdenken schließt deshalb die Möglichkeit des eigentlichen Glaubens aus. Glauben heißt nämlich, offen zu sein für die Wahrheit, für die Wirklichkeit, ganz gleich, als was sie sich herausstellen wird. Jemand, der wirklich glaubt, sagt: „Ich möchte die Wahrheit kennen." Die meisten Christen dagegen haben bestimmte Vorstellungen über das Universum und Gott, und an diese klammern sie sich im Geist des Verses „das Haus wird's überdauern, auf festem Grund es ruht". Die Kirchenlieder sind voller solcher Bilder von Burgen und Felsen: „Ein feste Burg ist unser Gott", und „Ein Haus voll Glorie schauet weit über alle Land, aus ew'gem Stein erbauet von Gottes Meisterhand." Steine, Felsen und Burgen haben etwas sehr Starres an sich, und in einer Zeit, wo es immer offensichtlicher wird, daß unsere Welt etwas Fließendes ist, werden diese Bilder immer fragwürdiger. Unsere Welt wirbelt durch einen Raum, in dem alle Standpunkte relativ sind, und man kann jeden beliebigen Punkt als Mittelpunkt wählen. Diese Welt fließt und wirbelt nicht *auf* irgend etwas, und darum besteht die unserer Zeit angemessene religiöse Einstellung nicht darin, sich an Felsen zu klammern, sondern das Schwimmen zu lernen. Wenn man ins Wasser springt und nichts mehr hat, an dem man sich festhalten kann, aber versucht, sich genau wie auf dem trockenen Land zu bewegen, ertrinkt man bekanntlich. Vertraut man sich dagegen dem Wasser an und läßt los, dann schwimmt man. Genau das ist die Haltung des Glaubens. Im Neuen Testament wird erzählt, wie Jesus seinen Jüngern seinen eigenen Tod voraussagte. Das verstörte die Jünger ziemlich, weil nämlich im Gesetz geschrieben stand, der Messias werde nicht sterben. Darauf entgegnete Jesus: „Wenn das Weizenkorn nicht in die Erde fällt und stirbt, bleibt es allein; stirbt es aber, dann bringt es viele Frucht."[27] Außerdem wird von einer eigenartigen Begebenheit nach der Auferstehung Jesu berichtet. Als Maria Magdalena voller Freude darüber war, den Meister wiederzuse-

---

[27] Johannesevangelium 12,24

hen, und die Hand nach ihm ausstreckte, um ihn festzuhalten, sagte Jesus zu ihr: „Halte mich nicht fest!"[28] Bei einer anderen Gelegenheit sagte er zu seinen Jüngern: „Es ist gut für euch, daß ich fortgehe, denn wenn ich nicht fortgehe, kann der Heilige Geist nicht zu euch kommen."[29] Irgendwie haben wir das alles auf den Kopf gestellt.

Mir scheint, Jesus war einer jener seltenen und bemerkenswerten Menschen, die über eine ganz besondere spirituelle Erfahrung verfügten. Er konnte sie mit den Begriffen der hebräischen Theologie nur sehr schwer artikulieren, ohne als Gotteslästerer zu erscheinen. Er sagte: „Ich und der Vater sind eins"; mit anderen Worten: „Ich bin Gott." Für einen Hindu ist das eine ganz natürliche Behauptung; aber in unserer Kultur, die von der hebräischen Theologie herkommt, ist jeder, der von sich behauptet: „Ich bin Gott", entweder ein Gotteslästerer oder ein Spinner. Unser Begriff von Gott ist nachhaltig vom Bild Gottes als „Vater Unser" beeinflußt, und dieses Bild verfügt über weit mehr emotionale Macht als jede noch so weit vorangetriebene Theologie oder Abstraktion. Gegen dieses Bild sind Tillichs keimfreie Bezeichnung Gottes als „Daseinsgrund" oder Professor Northrops Formel vom „undifferenzierten ästhetischen Kontinuum" lediglich blasse Schatten. Sie wecken in der Psyche kein lebendiges Gefühl, selbst wenn scharfsinnige Theologen solche Ausdrücke bevorzugen. Sie sagen uns, wenn wir Gott als unseren „Vater" anriefen, brauchten wir nicht buchstäblich zu glauben, er sei unser kosmischer männlicher Elternteil, und erst recht habe er keinen langen weißen Bart und sitze auf einem goldenen Thron über den Sternen. Kein ernsthafter Theologe hat je an einen solchen Gott geglaubt. Aber trotzdem berührt uns das Bild des abendländischen monotheistischen Gottes, denn es ist politisch. Der Titel „König der Könige und Herr der Herren" ist der Titel des altpersischen Herrschers. Unser Gottesbild ist geprägt

---

[28] Ebd. 20,17
[29] Ebd. 16,7

von den Pharaonen, den großen Herrschern der Chaldäer und den persischen Großkönigen; es ist das Bild des politischen Beherrschers und Oberherrn des Universums, der alles in Ordnung hält und es, im Bild gesprochen, von oben aus regiert.

Nach unserem abendländischen Weltbild ist die Welt ein Gemächte, etwas Hergestelltes. So ist es für ein Kind ganz natürlich, seine Mutter zu fragen: „Wie bin ich eigentlich gemacht worden?", so, als sei es irgendwie zusammengesetzt worden. Diese bildhafte Vorstellung geht auf die Genesis zurück, wo die Geschichte erzählt wird, wie Gott den Adam als Lehmfigur erschaffen und ihr den Lebensodem in die Nase geblasen und sie so zum Leben erweckt hat. Das spiegelt die Grundvorstellung wider, die sogar der Entwicklung der westlichen Wissenschaft zugrundeliegt: Alles ist gemacht worden, und es gibt jemanden, der weiß, wie es gemacht worden ist, und das läßt sich herausfinden, weil hinter dem Universum ein Architekt steht. Man könnte das auch das „Töpfermodell des Universums" nennen, denn es stützt das Grundgefühl, es gebe im Dasein zwei Dinge: das eine ist der „Stoff" oder das Material, und das andere ist die Form. Nun ist das Material, etwa der Lehm, für sich genommen ziemlich dumm; es hat kein Leben in sich. Damit es ansehnliche Formen annimmt, muß eine Intelligenz von außen hinzukommen und es gestalten. Da diese Vorstellung tief in unserem Bewußtsein verankert ist, fällt es den Menschen sehr schwer, sich klarzumachen, daß dieses Bild nicht unbedingt dafür taugt, die Welt zu beschreiben. Tatsächlich ist der gesamte Begriff des „Stoffs" der modernen Physik völlig fremd, denn sie untersucht das physikalische Universum ausschließlich in den Kategorien von Mustern und Strukturen.

Ganz anders ist das hinduistische Denkmodell für das Universum: hier stellt man sich das Universum als ein Drama vor. Die Welt ist nicht gemacht, sondern sie wird aufgeführt. Und hinter jedem Gesicht – eines Menschen, eines Tieres, einer Pflanze, eines Minerals – steckt das Gesicht oder Nicht-Gesicht des zentralen Selbst, des *atman*, das *Brahman* ist, die letzte Wirklichkeit, die sich nicht definieren läßt. Offensichtlich läßt sich das, was die Mitte ist, nicht zum Gegenstand des Wissens machen, genausowenig, wie man seine eigenen Zähne zerkauen oder sich selbst am eigenen Schopf aus dem Sumpf ziehen kann; es ist die Grundlage alles Seienden, und du bist es. Hier herrscht also die Vorstellung, die Natur der Wirklichkeit sei ein Versteckspiel, und das sei tatsächlich das einzige Spiel, das es gibt – einen Augenblick sieht man sie, dann wieder nicht mehr.

Dieses Bild des Hinduismus ist für Christen besonders verwirrend, denn in ihren Augen gehört es zu einer ganz speziellen theologischen Abirrung, die als „Pantheismus" bezeichnet wird. Beim Pantheismus handelt es sich um das Gefühl, jeder Part im Drama des Lebens werde vom Höchsten Herrn persönlich gespielt. Bei Christen führt das zur Vorstellung, damit würden alle echten Unterschiede zwischen Gut und Böse hinfällig. Aber praktisch gesprochen ist das der größte Unsinn, der je behauptet wurde. Damit Unterscheidungen zwischen Gut und Böse echte Unterscheidungen sind, müssen es nicht ewige Unterscheidungen sein, und wer behauptet, eine Unterscheidung, die nicht ewig so bleibe, sei keine echte Unterscheidung, sagt etwas recht Unchristliches oder auf jeden Fall etwas recht Unjüdisches. Eines der grundlegenden Prinzipien der hebräischen Vorstellung lautet, daß alle endlichen, von Gott geschaffenen Dinge gut sind, und daher muß etwas nicht unendlich sein, um gut zu sein. Im übrigen ist es, als jage man einen Strom von zwei Millionen Volt durch seinen elektrischen Rasierapparat, wenn man für jede moralische Spielregel die Autorität des Himmels bemüht. Wie sagen die Chinesen? „Nimm keine Axt, wenn du eine Fliege auf dem Kopf deines Freundes erschlagen willst." Solche Vorstellungen bringen die ganze Moral in Mißkredit, genau wie gerichtliche Foltermethoden oder eine überstrenge Rechtsprechung das Gesetz in Mißkredit bringen. Wenn man Gott als derart grimmig und so unbeugsam hart vorstellt, führt das dazu, daß die Menschen überhaupt nicht mehr an ihn glauben und sozusagen „das Kind mit dem Bad ausschütten". Das ist einer der Gründe dafür, daß heute die Parole „Gott ist tot" ausgegeben wird. Es ist äußerst lästig, einen Gott zu haben, der als autoritärer Boß über die Welt gebietet, einem pausenlos auf die Finger schaut, die geheimsten Gedanken jedes Menschen kennt und ständig darüber richtet. In den sogenannten „Zeitaltern des Glaubens" waren die Menschen genauso unmoralisch wie heute, was zeigt, daß eine solche autoritäre Gottesvorstellung noch nie das Verhalten von irgend jemandem wesentlich verändert hat; sie verschafft nur ein sehr unbehagliches Gefühl, und jeder ist froh, wenn er es los wird.

Wenn man sich schon kein geschnitztes Bild von irgend etwas, was oben im Himmel ist, machen soll, dann sind erst recht alle diese fixen Gottesvorstellungen Götzen. Die hinterhältigsten und gefährlichsten Bilder sind nicht die aus Holz oder Stein gemachten – die nimmt kein Mensch ernst –, sondern die Bilder, die man sich in der Phantasie, in Begriffen und Gedanken macht. Aus diesem Grund vertreten sowohl der Hindu als auch der Buddhist – und in dieser Hinsicht auch der Taoist – bezüglich der Gottesvorstellung eine negative Theologie. Auch Thomas von Aquin hat gesagt, wenn man sich an ein Wissen über Gott annähern wolle, sei es notwendig, den Weg des Wegnehmens zu gehen – also systematisch von allem zu sagen, dieses sei Gott nicht –, denn Gott übersteige infolge seiner unermeßlichen Größe jeden Begriff, den unser Verstand zu fassen vermöge. Aber wenn der Hindu von der Gottheit sagt: „Das einzig Wahre, was man von ihr sagen kann, ist *neti, neti* oder ‚nicht das ist's, nicht das ist's'", und wenn der Buddhist für die letzte Wirklichkeit einen Begriff wie den der *shunyata* gebraucht, was Nichtheit oder Leere heißt, dann fällt den Verfassern der Textbücher der vergleichenden Religionswissenschaft regelmäßig nichts Besseres ein, als zu beklagen, das sei ein schrecklicher Negativismus oder Nihilismus. Aber das ist es keineswegs. Wenn Sie zum Beispiel ein Fenster haben, das mit einem Bild der Sonne ausgemalt ist, dann besteht Ihr Akt des Glaubens an die echte Sonne darin, daß Sie dieses Bild abkratzen, damit das echte Sonnenlicht hereinfallen kann. Auf die gleiche Weise muß man auch alle Bilder Gottes von den Fenstern des Geistes wegkratzen, denn sonst treten sie als Ersatz-Götzen an die Stelle der Wirklichkeit.

Ich persönlich hoffe, diese Art Einsicht ergibt sich aus der „Gott-ist-tot"-Theologie, aber ich bin mir nicht sicher, ob das der Fall sein wird. Auf jeden Fall gibt es innerhalb der christlichen Tradition durchaus Vorläufer für eine intelligente Theologie dieser Art, also für das, was ich als einen „Atheismus um Gottes willen" bezeichnen würde. Es geht also, anders gesagt, darum, daß man es ganz und gar aufgibt, sich an irgendein Gottesbild zu klammern, denn alle diese Bilder versperren nur den Blick auf die Wirklichkeit. Die höchste Form des Gebets ist diejenige, in der man alle Begriffe von Gott hinter sich gelassen hat. Darin besteht der größte Akt des Glaubens. Von dem Augenblick an, wo man auf dem vom Christentum vertretenen Bild verharrt, unterstützt man die Kirche als eine riesige, imperialistische, rechtlich verfaßte Organisation. Wenn aber tatsächlich die Kirche der Leib Christi ist – wird der Welt nicht dadurch das Leben geschenkt, daß der Leib Christi zerbrochen wird? Aber die Kirche möchte nicht zerbrochen werden, weiß Gott, nein! Sie wirbt unablässig neue Mitglieder.

Betrachten wir den Unterschied zwischen einem Arzt und einem Geistlichen. Der Arzt möchte seine Patienten wieder loswerden; darum verschreibt er ihnen Arzneien und hofft, sie werden nicht danach süchtig. Anders der Geistliche: Er sieht sich normalerweise gezwungen, aus seinen Patienten Süchtige zu machen, damit sie ihn weiterhin brauchen und ihre Kirchensteuer zahlen. Der Arzt glaubt an eine ständige Umwälzung: Geheilte gehen, andere Kranke gibt es immer wieder. Auch der Klerus sollte an eine Umwälzung glauben. Geistliche, entlaßt eure Gemeinden! Sagt zu euren Leuten: „Jetzt habt ihr alles gehört, was ich euch zu sagen habe. Geht jetzt. Wenn ihr zusammenkommen wollt, um ein himmlisches Freudenfest zu feiern, was ich unter Gottesdienst verstehe, dann gut; aber wenn ihr aus bloßem Pflichtgefühl in die Kirche kommt, dann seid ihr unerwünscht." Als ich Studentenpfarrer an der Northwestern University war, sagte ich zu den Studenten immer, wenn sie nicht gern zur Messe kämen, beeinträchtigen sie sowieso bloß wie Leichname das Fest, und dann sei es besser, sie gingen schwimmen oder blieben im Bett, denn wir wollten Kommunion feiern, und zwar wirklich feiern.

Ich halte es für eine Schande, daß wir die Religion so todernst nehmen. Als Junge, so entsinne ich mich, fand ich es ganz schlimm, wenn man in der Kirche lachte. Wir vergessen allzuoft, an was uns Chesterton erinnert hat: Daß Engel deshalb fliegen können, weil sie sich selbst leicht nehmen. Auch Dante sagt im *Paradiso*, als er den Gesang der Engel gehört habe, da habe das wie das schallende Gelächter des gesamten Universums geklungen. Sie sangen „Halleluja, halleluja, halleluja", was überhaupt nichts aussagt; es ist erhabener Nonsens. Genauso gibt es Texte der Hindus und Buddhisten mit Gesängen der Buddhas oder der göttlichen Wesen, und sie enthalten überhaupt keinen Sinn und haben nie einen enthalten.

Um noch einmal deutlich zu sagen, worauf es mir vor allem ankommt: Wenn der Westen ein vitales religiöses Leben entwickeln will, braucht er einen Glauben, der sich nicht bloß in Form von Ideen und Überzeugungen äußert, an die man sich in einer Art von Verzweiflung hängt. Beim wirklichen Glauben geht es um einen Akt des Loslassens. Er fängt damit an, daß man Gott losläßt. Damit ist kein Atheismus im landläufigen Sinn gemeint, denn beim üblichen Atheismus handelt es sich um die leidenschaftliche *Hoffnung*, es gebe keinen Gott. Beim Glauben dagegen geht es darum, Gott loszulassen.

Jemand hat den „christlichen Säkularismus" so charakterisiert, daß es dabei um die Annahme gehe, das Leben sei nicht mehr als eine Wanderung von der Entbindungsstation bis zum Krematorium und innerhalb dieser Spanne müsse der Christ sich um ein sorgfältiges Leben bemühen, denn darüber hinaus gebe es nichts. Ich befürchte deshalb, daß die „Gott-ist-tot"-Bewegung auf das hinausläuft. Es stimmt, diese Auffassung ist heute recht weit verbreitet. Ich bezweifle sehr stark, daß die meisten religiösen Menschen wirklich an ihre Religion glauben; sogar ihnen erscheint sie nicht mehr plausibel. Selbst die Zeugen Jehovas sind mir zu höflich und unverbindlich, wenn sie an der Tür stehen. Würden sie wirklich glauben, wovon sie reden, dann würden sie laut in den Straßen schreien. Wenn die Katholiken tatsächlich glauben würden, wovon sie reden, würden sie einen schrecklichen Wirbel veranstalten – sie würden entsetzliche Sendungen im Fernsehen bringen, die jede Fußballübertragung in den Schatten stellen würden, und sie würden in den Zeitungen ganzseitige Annoncen veröffentlichen, um die schrecklichen Dinge anzukündigen, die bevorstehen, „wenn man sich nicht daran hält", und noch mehr, wenn man „das und das tut". Außerdem würden sie das allen Ernstes meinen; aber in Wirklichkeit tut das niemand von ihnen. Und so ist es höchst plausibel geworden, daß das Leben tatsächlich nicht sehr viel mehr ist als eine Wanderschaft von der Entbindungsstation bis ins Krematorium.

Sie sehen, in unserer landläufigen Überzeugung lebt immer noch der Mythos des 19. Jahrhunderts über das Universum fort, der in der Geschichte des Abendlandes auf den „Töpfermythos" gefolgt ist. Ich möchte ihn den „Mythos des vollautomatischen Modells" nennen, und zwar deshalb, weil er von der Vorstellung einer dummen, blinden Kraft ausgeht. Hegels Spruch von der „zufälligen Ansammlung von Atomen" stammt aus der gleichen Ecke wie Freuds Lehre von der Libido, die besagt, der Psyche des Menschen liege ein blinder Drang zur Lust zugrunde. Diese Männer des 19. Jahrhunderts gefielen sich im gnadenlosen Abtakeln der Welt, und indem sie sie für so banal wie nur irgend möglich erklärten, verrieten sie, was für unsensible Dickköpfe sie selbst waren. Das war eine Art Rollenspiel. Wenn wir andererseits an das Dasein der Dinge und unseren Platz im Universum denken, können wir vielleicht in abgrundtiefes Staunen verfallen, wenn es uns vorkommt, als seien wir nur eine Bakterienkolonie auf einer Steinkugel, die um ein sphärisches Feuer rotiert. Das ist ein sehr merkwürdiger Zustand.

Je näher ich die Dinge betrachte, desto mehr kann ich mich des Gefühls nicht erwehren, daß das Dasein recht verrückt ist. Sie sehen, ein Philosoph ist eine Art intellektueller Kasper, der Dinge auf den Arm nimmt, die ernsthafte Menschen für selbstverständlich halten. Ernsthafte Menschen sagen: „Das Dasein als solches gibt es gar nicht. Mach einfach weiter und tu etwas." Genauso sagt die gerade vorherrschende Bewegung in der Philosophie, die logische Analytik, man solle gar nicht an das Dasein denken, denn das sei ein sinnloser Begriff. So ist die Philosophie zum Debattierklub über Belanglosigkeiten geworden, und philosophische Zeitschriften sind genauso beruhigend öde wie irgendwelche sonstigen rein technischen Fachzeitschriften. Kein guter Philosoph hat schlaflose Nächte, weil er sich um das Schicksal der Menschheit sorgt oder den Kopf über die Natur Gottes zerbricht, denn ein heutiger Philosoph ist ein Zeitgenosse mit gesundem Menschenverstand, der Punkt neun Uhr in der Universität antritt und um fünf Uhr Feierabend macht. Er „treibt" tagsüber Philosophie, indem er Diskussionen darüber führt, ob bestimmte Sätze sinnvoll sind, und wenn ja, worin ihr Sinn besteht. Und, so hat William Earle in einem ganz amüsanten Essay gesagt, „er würde auch in einem weißen Kittel zur Arbeit kommen, wenn er davon überzeugt wäre, daß das von Vorteil wäre."

Das Problem ist, daß der Philosoph von heute das Staunen verlernt hat, denn für die moderne Philosophie braucht man nicht die Fähigkeit zum Staunen; es gilt eher als unanständig – so wie im 18. Jahrhundert in England der Enthusiasmus als unanständig galt. Ich staune über das Universum, aber ich staune nicht über eine Frage, sondern mich überkommt schlicht das Gefühl des Staunens. Ich weiß gar nicht, was ich dabei fragen soll. Welche Frage würden Sie stellen? Angenommen, Sie hätten ein Interview mit Gott und dürften ihm eine einzige Frage stellen. Wie würde sie lauten? Wenn Sie nicht vorschnell antworten, werden Sie bald merken, daß Sie gar nicht wissen, was Sie ihn eigentlich fragen könnten. Ich kann einfach nicht die Frage formulieren, die mein Staunen ins Wort bringen könnte. In dem Augenblick, wo ich den Mund öffne, um eine solche Frage zu äußern, merke ich, daß ich Unsinn rede. Das sollte aber kein Grund dafür sein, das Staunen nicht zur Grundlage der Philosophie zu machen. Aristoteles hat ausdrücklich gesagt: „Das Staunen ist der Anfang der Philosophie." Dem Philosophen kommt das Dasein recht merkwürdig vor, und das erst recht, wenn ihm aufgeht, daß jeder von uns in einem neurologischen Apparat sitzt, der imstande ist, sich selbst als Zentrum eines unendlichen Raumes voller Galaxien zu setzen und von da aus alles zu vermessen. Das Dasein ist Beziehung, und wir schweben mitten darin.

Offensichtlich ist im Leben Raum für eine religiöse Einstellung, im Sinn der Ehrfurcht und des Sich-Wunderns über das Dasein. Das ist auch die Grundlage für die Ehrfurcht vor dem Dasein; sie ist in unserer Kultur recht wenig verbreitet, auch wenn wir sie als materialistische Kultur bezeichnen. Ein Materialist ist jemand, der das Materiale liebt, aber in unserer heutigen Kultur neigen wir dazu, alles Material zu zerstören und es so rasch wie möglich in Abfall und giftige Gase umzuwandeln. Unsere Kultur ist in dem Sinn materialistisch, daß sie keinen Respekt vor dem Material hat. Der Respekt aber beruht auf dem Staunen, auf dem Gefühl dafür, was für ein Wunder schon ein gewöhnliches Steinchen ist, das man in den Fingern hält.

So fürchte ich, daß die „Gott-ist-tot"-Theologie schließlich zum platten Appell verkommt, im Namen Jesu Gutes zu tun. Das aber, so denke ich, ist der Punkt, wo uns neues Leben und neuer Ansporn vermittelt werden können, indem wir in unser spirituelles Leben einige Elemente aus Fernost einführen. Man muß zunächst deutlich sehen, daß es bei den Disziplinen des Hinduismus und Buddhismus im wesentlichen um eine Erfahrung geht; es geht nicht um eine Theorie und es geht um keinen Glauben. Wenn man Religion definiert als eine Kombination aus Credo, Codex und Kult, so trifft das auf Judentum, Islam und Christentum zu, aber nicht auf den Buddhismus. Ein Credo ist eine Offenbarung, eine offenbarte Symbolwelt, die aussagt, was es mit dem Universum auf sich hat, und man muß daran kraft göttlicher Autorität glauben. Ein Codex ist der offenbarte Wille Gottes für den Menschen, und es wird einem befohlen, ihm zu gehorchen. Und ein Kult ist die göttlich offenbarte Form des Gottesdienstes, an die man sich halten muß. Den Zehn Geboten muß man gehorchen, weil Gott der „Boß" ist. Er ist der Herrscher, der König der Könige und Herr der Herren. Dagegen verlangen die Disziplin des Yoga im Hinduismus oder die verschiedenen Formen der Meditation im Buddhismus nicht, daß man an irgend etwas glaubt, und sie enthalten keine Gebote. Zwar gibt es auch darin Vorschriften, aber in Wirklichkeit handelt es sich dabei um gelübdeartige Verpflichtungen, die man auf eigene Verantwortung eingeht, und nicht um Gehorsam gegenüber irgend jemandem. Es handelt sich um experimentelle Techniken zur Bewußtseinsveränderung, und sie zielen in erster Linie darauf, den Menschen zu helfen, ihre Halluzination loszuwerden, daß jeder von uns ein von Haut umgebenes Ego sei – eine Art Männchen, das in unserem Kopf zwischen den Ohren und hinter den Augen sitzt und die Quelle der bewußten Aufmerksamkeit und des vom Willen gesteuerten Verhaltens ist. Die meisten Menschen halten sich nicht für sehr viel mehr, und ihren Körper betrachten sie als etwas, das sie haben. „Mami, wer wäre ich eigentlich, wenn jemand anders mein Papi gewesen wäre?" Das ist, als bekäme man von seinen Eltern den Körper, und irgendwann wird diesem eine Seele verpaßt – wann genau, ob bei der Empfängnis oder bei der Entbindung, kann niemand sagen.

Diese Auffassung, daß wir ein in einen Körper eingeschlossenes Etwas sind, haben wir immer im Hinterkopf. Man bringt uns bei, auf unseren Herzschlag zu hören, als sei das etwas, was an uns geschieht, während das Reden oder Gehen etwas ist, was wir selbst tun. Aber schlagen wir nicht auch selbst unser Herz? Unsere Sprache und Grammatik läßt diesen Gedanken nicht zu; er ist nicht üblich. Wie denken Sie überhaupt? Oder wie bringen Sie es fertig, sich Ihrer selbst bewußt zu sein? Wissen Sie das? Wie öffnen und schließen Sie Ihre Hand? Wenn Sie zufällig Physiologe sind, dann können Sie das vielleicht sagen, aber das verhilft Ihnen nicht dazu, Ihre Hand auch nur ein bißchen besser öffnen und schließen zu können als ich. Ich weiß, wie man es macht, aber ich kann es mit Worten nicht beschreiben. Auf die gleiche Weise weiß der Hindu-Gott, wie er dieses ganze Universum erschafft, weil er es tut, aber er könnte es nicht erklären. Er könnte genausogut versuchen wollen, den Pazifischen Ozean mit einer Gabel auszulöffeln. Und so kommt es, daß einem Hindu, der erleuchtet und von der Halluzination, ein von Haut umschlossenes Ego zu sein, kuriert wird, aufgeht, daß im innersten Kern seines eigenen Selbst das ewige Selbst des Universums steckt. Wenn Sie dann auf ihn zugehen und ihn fragen: „Wie machst du das alles?", dann kann er zur Antwort geben: „Mach eben einfach deine Hand auf und schließe sie wieder."

Sooft jemand Sri Ramana, dem großen Hindu-Weisen, der vor einigen Jahren gestorben ist, die Frage stellte: „Meister, habe ich schon einmal in einer früheren Inkarnation gelebt, und wenn ja, wer war ich da?", pflegte er darauf zu entgegnen: „Wer stellt diese Frage? Wer bist du?" Die Methode der spirituellen Lehrer sowohl im Hinduismus wie im Buddhismus, jemanden von der Halluzination, ein von Haut umgebenes Ego zu sein, zu befreien, besteht darin, den Betreffenden irgendwie zu verblüffen. Der Lehrer schaut ganz verschmitzt drein, als wolle er sagen: „Komm raus, Shiva, ich weiß, was mit dir los ist, ich weiß, was du vorhast." Und Sie sagen: „Was, ich?" So schaut er Sie ganz merkwürdig an, bis Sie schließlich das Gefühl kriegen, daß er Sie ganz und gar durchschaut, und daß er Ihre ganze Selbstsucht und Bosheit und Ihre schlechten Gedanken glasklar sieht. Sie merken, daß Sie versuchen müssen, alles das zu ändern. Er schlägt Ihnen vor, Sie sollten sich darin üben, Ihren Geist zu zügeln;

Sie sollten wunschlos werden und alles selbstische Begehren, ein von Haut umschlossenes *Selbst* zu sein, ablegen. Daraufhin erzielen Sie vielleicht einigen Erfolg damit, Ihren Geist zur Ruhe zu bringen und sich zu konzentrieren. Aber dann wird der Lehrer Ihnen in den Rücken fallen und sagen: „Hast du immer noch nicht den Wunsch aufgegeben, wunschlos zu werden? Warum versuchst du, selbstlos zu sein?" Die Antwort lautet: „Ich möchte eben auf der Siegerseite sein. Ich denke, letzten Endes zahlt es sich mehr aus, selbstlos zu sein statt selbstsüchtig." Luther sah das deutlich, und auch der heilige Augustinus sah das. Aber da haben Sie es – der Meister hat angefangen, Ihnen vor Augen zu führen, wie unwirklich und illusionär es ist, an ein separates Selbst zu glauben. Ein solches Selbst ist lediglich eine vereinbarte Wirklichkeit, im gleichen Sinn, wie unsere Erdkugel Breiten- und Längengrade und der Tag vierundzwanzig Stunden hat. Daher besteht eines der Mittel von *maya*, der Illusion, darin, Maße einzuführen. Alle Dinge sind Maße; es sind Gedankeneinheiten, so wie der Zentimeter eine Maßeinheit ist. In der physikalischen Natur gibt es jedoch keine *Dinge*. Wieviele Dinge ist ein Ding? So viele Sie wollen. Ein Ding ist ein „Gedachtes", eine Gedankeneinheit. Es ist in dem Maß wirklich, in dem Sie es sich in Ihrer Vorstellung festhalten können.

Wenn einem also aufgeht, daß das separate Selbst eine Illusion ist, dann ist das die Folge davon, daß man merkt, wie das angebliche separate Selbst zu überhaupt nichts fähig ist – es kann sich selbst nicht verbessern, indem es dafür etwas tut oder alles Tun unterläßt, und beide Möglichkeiten beruhen auf Illusion. Sie sehen, das ist die beste Möglichkeit, jemandem seine Halluzinationen auszutreiben – Sie fordern ihn einfach auf, konsequent so zu tun, als stimmten seine Halluzinationen und alle daraus sich ergebenden Folgen. Der hinduistische oder buddhistische Guru unternimmt, ausgehend vom hautumkleideten Ego, eine *reductio ad absurdum*. Was passiert dann? Aus unerleuchteten Berichten über fernöstliche Mystik haben Sie vielleicht die Vorstellung, daß man daraufhin in einer Art von unendlichem Meer aus zart malvenfarbenem Wackelpeter versinkt, und daß man der Welt derart entschwindet und so in Trance verfällt, daß man seinen Namen, seine Anschrift, Telefonnummer und Funktion im Leben völlig vergißt. Aber nichts derartiges geschieht. Der Zustand mystischer Erleuchtung, der vielleicht tatsächlich anfangs vom Empfinden einer ungeheuren Helle und Transparenz begleitet sein mag, wird etwas ganz Alltägliches, wenn man sich erst einmal daran gewöhnt hat. Da sind weiterhin die Menschen, von denen Sie bisher gedacht hatten, es seien separate Individuen, und es gibt weiterhin das „Ich", von dem Sie seither gemeint hatten, es stehe nur diesen anderen Menschen gegenüber. Als der große D.T. Suzuki gefragt wurde: „Wie ist das, wenn man erleuchtet ist?", sagte er: „Es ist eine ganz gewöhnliche, alltägliche Erfahrung, bloß fünf Zentimeter über dem Boden." Sie sehen, was dann anders ist, ist nicht die Art, wie Ihre Sinne alles wahrnehmen; anders ist vielmehr die Art, wie Sie darüber denken; Ihre Definition von dem, was Sie sehen, hat sich geändert, und Sie bewerten alles anders. Wenn Sie nicht mehr an der Welt hängen und wenn Sie Ihre Abwehrhaltung gegenüber der Welt bleibenlassen, wissen Sie, daß die Welt Sie ist. Aus der Sicht des Biologen läßt sich das Verhalten eines lebenden Organismus nicht vollständig beschreiben, ohne daß man auch das Verhalten seiner Umwelt beschreibt. Organismen in ihren Umwelten zu beschreiben heißt, ein einheitliches Verhaltensfeld zu beschreiben, das man als *„organism-environment"* bezeichnet. Die Umwelt treibt nicht den Organismus um, und der Organismus treibt nicht die Umwelt um. Hier wirken vielmehr zwei Aspekte oder Pole eines einheitlichen Prozesses ineinander.

Diese Einstellung zur Natur – daß man sie also als Einheit betrachtet, als unendlich vielseitige Manifestation eines einzigen Selbst – hat durchaus nicht das zur Folge, was Missionare gern unterstellen, nämlich daß man den Wert von Unterscheidungen verkennt. Hier geht es um das Prinzip von Differenzen an Identischem. Nehmen Sie eine Münze.

Die Kopfseite ist anders als die Zahlseite, und doch sind beide unzertrennlich ein und dieselbe Münze. Nehmen Sie den Vorgang des Kaufens und Verkaufens. Das Verkaufen ist ein anderer Vorgang als das Kaufen, aber Sie können erst dann etwas kaufen, wenn ihnen jemand etwas verkauft und umgekehrt. Das ist mit der allem zugrundeliegenden Einheit der Gegensätze gemeint, also dessen, was man im Hinduismus *Advaita* oder Nichtdualität nennt und was die Chinesen meinen, wenn sie das Wort *tao* verwenden, um das Zusammenspiel von positiven und negativen Prinzipien, von *yang* und *yin* zu beschreiben. Hier handelt es sich um kein Einssein, das alle Unterschiede aufhebt, sondern um ein Einssein, das sich gerade in den Unterschieden manifestiert, die wir wahrnehmen. Alles ist polar, wie die beiden Pole eines Magneten.

Wenn wir also behaupten, der fernöstliche Monismus sei eine Auffassung vom Leben, in der alles zu einer Art trostloser Pampe verschmelze, ist das schrecklich unfair; gerade das tut es nämlich nicht. Wenn Sie argumentieren, diese Art Lehre, in der jeder in Wirklichkeit die Gottheit selbst sei, hebe die Möglichkeit der Liebe zwischen Individuen auf, weil man, um wirklich lieben zu können, nun einmal „anders" sein müsse, da sonst alles nur Eigen-Liebe wäre, so bricht dieses Argument spätestens angesichts der Lehre von der Dreifaltigkeit zusammen. Wenn die drei Personen ein Gott sind, dann können sie einander gemäß diesem Argument nicht wirklich lieben. Der Hinduismus denkt einfach die in der christlichen Trinitätslehre steckende Vorstellung weiter zu einer Vorstellung der Multi-Trinität: statt daß nur ein Drei-einer ist, ist Einer-in-allem.

Der Stachel im Fleisch jeder Lehre, die monistisch oder pantheistisch aussieht, ist natürlich immer die Frage: Was ist mit dem Bösen? Müssen wir für das Böse den Daseinsgrund verantwortlich machen? Nein, das wollen wir nicht, denn Gottes Weste wollen wir sauberhalten, auch wenn es in der hebräischen Bibel ausdrücklich heißt: „Ich bin der Herr, und es gibt keinen sonst. Ich forme das Licht und schaffe die Finsternis: Ich mache den Frieden und erschaffe das Böse. Ich, der Herr, wirke all dies."[30]

Wer sitzt eigentlich zur Linken Gottes? Wer zu seiner Rechten sitzt, wissen wir ja. Die Frage nach dem, der auf der linken Seite sitzt, wird immer schnell abgetan, denn das ist die Seite des Staatsanwalts. Im Buch Hiob ist natürlich der Satan der Staatsanwalt am himmlischen Gerichtshof. Als treuer Gerichtsmann erhebt er unermüdlich die Anklagen. Das Problem liegt darin, daß es schlimm wäre, wenn Gott selbst der Urheber des Bösen und wir seine Opfer wären. Das heißt, wenn wir am Vorstellungsmodell festhalten, es herrsche ein König über das Universum und alle Geschöpfe seien diesem König untertan, dann behandelte ein Gott, der für das Böse verantwortlich wäre, sein Volk sehr schlecht. Aber in der Theorie des Hinduismus ist Gott keine andere Person. Es gibt keine Opfer Gottes. Er ist nie etwas anderes als Sein eigenes Opfer. Sie sind verantwortlich. Wenn Sie im Stand der Illusion bleiben wollen, bleiben Sie darin. Aber Sie haben immer die Möglichkeit, aufzuwachen.

---

[30] Jesaja 45,6-7

VIERTES KAPITEL

DIE ILLUSION, SICH SELBST BESSERN ZU KÖNNEN

Die Menschen machen sich schon seit langer Zeit Sorgen darüber, wie sie ihren Geist umwandeln können. Aber vielleicht darf ich die Frage stellen: Gibt es denn überhaupt irgendeine Möglichkeit, seinen Geist tatsächlich umzuwandeln, oder begibt man sich da an ein Unternehmen, das nur ein Zirkelschluß ist? Im Geist sehr vieler Menschen regt sich das dringende Gefühl „Ich muß mich bessern", und das ist von kritischer Bedeutung. Schon in der Vorstellung „Ich muß mich bessern" steckt die offensichtliche Schwierigkeit, daß, wenn ich der Besserung bedarf, dieses „Ich", das sich ans Werk der Besserung macht, genau das ist, was gebessert werden muß; und so ergibt sich auf der Stelle ein Zirkelschluß.

Oder um das in theologischen Begriffen zu sagen: Wie folgt der Mensch dem Willen Gottes, wenn der Wille des Menschen verdorben ist? Die Theologen sagen, man könne ohne den Beistand der Gnade Gottes dem Willen Gottes nicht folgen. Aber wie kommt man zur Gnade Gottes? Warum wird sie manchen gegeben, anderen nicht? Wenn ich aus eigener Anstrengung dem Willen Gottes nicht folgen kann, weil mein Wille selbstsüchtig ist, wie kann dann mein selbstsüchtiger Wille in einen selbstlosen Willen umgeformt werden? Wenn ich das nicht tun kann, dann muß das die Gnade tun. Und wenn die Gnade das noch nicht getan hat, warum hat sie es noch nicht getan? Weil ich sie nicht angenommen habe? Aber laut Definition hatte ich doch gar nicht die Fähigkeit, sie anzunehmen, weil mein Wille selbstsüchtig war! Muß ich folglich Calvinist werden und sagen, nur die Menschen, die dazu vorherbestimmt sind, die Gnade zu empfangen, seien fähig, ein gutes Leben zu führen? Wenn wir in dieser Richtung weiterfragen, kommen wir zur inakzeptablen Vorstellung, daß Menschen, die ein schlechtes Leben führen, die Gnade nicht empfangen, weil sie von der unendlichen Weisheit der Gottheit nicht dafür vorherbestimmt sind, und daß folglich Gott selbst für ihre schlechten Taten verantwortlich gemacht werden muß. Das ist ein amüsantes Verwirrspiel.

In der Sprache der fernöstlichen Philosophie lautet das Problem der Umwandlung ungefähr so: Der Buddha sagte, die Weisheit könne nur aus dem Verzicht auf das selbstsüchtige Begehren oder Wollen kommen. Wer dieses Wollen ganz aufgebe, gelange zum *nirvana*, was den höchsten Frieden und die Befreiung bedeute. Im Sanskrit bedeutet *nirvana* „ausblasen", „den Atem ausatmen". Der Gegensatz dazu, das Wollen, ist das Einatmen. Wenn Sie einatmen und den Atem anhalten, verlieren sie Ihren Atem; aber wenn Sie ausatmen, kommt er Ihnen wieder zurück. So ist der springende Punkt also: Wenn Sie das Leben wollen, so klammern Sie sich nicht daran, sondern lassen Sie es los. Aber da bleibt immer noch das Problem: Wenn ich nichts mehr wollen will, ist das nicht immer noch ein Wollen? Wie kann ich wollen, nichts zu wollen? Wie kann ich mich selbst ausliefern, wenn mein Ich ganz wesentlich ein Drang zum Festhalten, zum Klammern, zum Nicht-Loslassen des Lebens, zum Weiter- und Überleben ist? Rein rational kann ich sehen, daß ich mich selbst abwürge, wenn ich mich an mir selbst festklammere, und so könnte ich es schließlich wie der Mann machen, der eine schlechte Gewohnheit loswerden wollte und deshalb Selbstmord beging, weil der Tod die sauberste Lösung dafür war.

Ich bin sicher, Sie haben schon beobachtet, wie sich Menschen benehmen, die sich aufgemacht haben, sich selbst zu bessern. Gewöhnlich suchen sie überall herum. Sie versuchen es mit Psychoanalyse, Psychodrama, Encounter-Gruppen, Yoga, Scientology, Christian Science, römischem Katholizismus, Zen-Buddhismus oder tibetischem Buddhismus, und sooft sie für eines davon Feuer gefangen haben, ist es das non plus ultra: „Mensch, das mußt du unbedingt kennenlernen." Aber wir stellen fest: Nichts Wesentliches ändert sich bei ihnen. Es ist immer der gleiche Typ, der mit einem neuen Sack voll Tricks herumläuft. Er ändert sich nicht wirklich; nur seine Versuche, sich zu ändern, ändern sich ständig.

Eine der Grundformen, an denen man erkennt, daß kein Wandel stattfindet, ist jenes eigenartige Phänomen, das ich als das „Selbstverbesserungsspiel" bezeichnen möchte. Es ist ein Spiel, das wir alle in irgendeiner Hinsicht spielen. Ich könnte die Frage stellen: Wonach halten Sie Ausschau? Wäre es zu viel behauptet, wenn ich sagen würde, Sie warten auf Hilfe? Sie würden gern von jemandem etwas hören, der Ihnen als Mitglied einer Welt, auf die die allergrößten Schwierigkeiten zukommen, etwas Bedeutsames zu sagen hätte? Unsere Welt ist in einem ganzen Komplex von Problemen verheddert, von denen schon jedes einzelne für sich schlimm genug ist; addiert man erst alle großen politischen, sozialen und ökologischen Probleme, mit denen wir konfrontiert sind, so ist das entmutigend. Man könnte natürlich sagen, daß der Grund dafür, daß wir in einer derart mißlichen Lage sind, nicht ist, daß wir die falschen Systeme zur Behebung dieser Probleme haben, sei es auf technischem, politischem oder religiösem Gebiet, sondern daß die falschen Leute das Sagen haben. Die Systeme sind vielleicht ganz in Ordnung, aber die falschen Leute steuern sie, denn jeder von uns ist in vielerlei Hinsicht selbstsüchtig, es fehlt ihm an Weisheit und an Mut, er hat Angst vor dem Tod, Angst vor Schmerzen, ist nicht bereit, wirklich mit anderen zusammenzuarbeiten und will nicht wirklich offen mit anderen umgehen. Folglich denken wir alle: „In Wirklichkeit stimmt etwas mit *mir* nicht. Könnte ich doch nur der richtige Mensch am richtigen Platz sein. Wann endlich kommt jemand und sagt mir, wie ich ein kreativeres und kooperativeres Mitglied der menschlichen Gesellschaft werden kann? Ich habe den ehrlichen Wunsch, mich zu bessern."

So stelle ich mir vor, daß viele von Ihnen hoffen, ich könnte Ihnen etwas sagen, was Sie besser werden läßt – besser in jedem beliebigen Sinn, auf den Sie dieses Wort anwenden wollen: daß Sie sich besser fühlen, sich moralisch bessern, ein besserer Mitbürger werden oder einen besseren Bewußtseinszustand erlangen. Vielleicht haben manche von Ihnen auch mystische Ambitionen und möchten über ihr Gefühl des Egozentrismus hinauskommen, also darüber, der isolierte Bewußtseinsmittelpunkt in einem Hautsack zu sein; vielleicht möchten Sie die Erfahrung eines kosmischen Bewußtseins machen und spüren, daß Sie selbst zutiefst mit der unendlichen Energie dieses Universums identisch sind. Es gibt viele Mystiker, die diese Erfahrung gemacht haben, und Sie möchten sie vielleicht auch machen; und Sie hätten ganz gern von mir einige Anleitungen, wie Sie so weit kommen können. Sie sagen vielleicht: „Ich brauche für diesen Prozeß etwas Hilfe, und ich werde schon noch jemanden finden, der mir dabei hilft." Vielleicht wählen Sie sich einen Therapeuten oder einen Geistlichen oder sogar einen Guru – jedenfalls irgend jemanden, der Sie in einer Technik der Selbstverbesserung unterrichten kann. Aber woher wollen Sie wissen, ob der betreffende Mensch tatsächlich fähig ist, Sie zu unterweisen? Wie können Sie zum Beispiel beurteilen, ob ein Psychotherapeut effektiv arbeitet oder bloß ein Scharlatan ist? Wie können Sie beurteilen, ob ein Guru tatsächlich ein spirituell weiser Mensch oder bloß ein talentierter Schönschwätzer ist? Natürlich, Sie hören sich bei Ihren Bekannten um, oder Sie erkundigen sich bei seinen anderen Schülern oder Klienten – und die sind natürlich alle ganz begeistert von ihm. Wenn man sich etwas Teures geleistet hat, bleibt einem nichts anderes übrig, als davon begeistert zu sein. Wenn Sie ein Auto gekauft haben, das sich als Flop erweist, dann ist es sehr schwierig zuzugeben, daß es ein Flop ist und Sie sich haben hereinlegen lassen. Genauso ist es, wenn man sich eine Religion oder eine teure Operation leistet. Worüber sich die Leute jedoch nicht deutlich genug im klaren sind, ist der Umstand, daß *sie selbst* es sind, die sich eine Autorität heraussuchen, sei es eine psychotherapeutische oder religiöse. Mit anderen Worten: Dieser Typ oder dieses Buch oder dieses System ist *Ihrer Meinung nach* das Richtige für Sie. Wenn Sie zu diesem anderen Menschen oder zu der anderen Quelle der Einsicht sagen: „Ich glaube, du bist die richtige Autorität für mich", dann ist das *Ihre* Meinung. Aber wie können Sie überhaupt ein kompetenter Richter sein? Sie können nicht wirklich beurteilen, ob eine Autorität gesund ist, solange nicht Sie selbst gesund sind. Sonst könnte es sein, daß Sie sich an der Nase herumführen lassen. Sie sagen vielleicht: „Ich glaube, daß die Bibel das Wort Gottes ist". Gut, das ist Ihre Meinung. Ich weiß, die Bibel sagt, sie sei das Wort Gottes, aber es ist *Ihre* Meinung, daß die Bibel die Wahrheit sagt. Die Kirche sagt, die Bibel sei das Wort Gottes, aber es ist *Ihre* Meinung, daß die Kirche damit Recht hat. Sie können dieser Situation gar nicht entrinnen – immer geht es um *Ihre* Meinung.

Damit dürfte deutlich geworden sein: Wenn Sie sich eine Autorität wählen, die Ihnen helfen soll, sich selbst zu bessern, dann ist das, als heuerten Sie mit *Ihrem* Steuergeld Polizisten an und gäben Ihnen den Auftrag, Sie zu überwachen, damit Sie das Gesetz einhalten. Das wirkt ziemlich albern. Können wir denn nicht selbst auf uns aufpassen? Leben wir im Land der Freien und im Haus der Starken oder nicht? Niemand scheint die Verantwortung für sich selbst übernehmen zu wollen, weil sich jeder damit überfordert fühlt. Oder, wie Paulus gesagt hat: „Das Wollen ist bei mir vorhanden, aber ich vermag das Gute nicht zu verwirklichen. Denn ich tue nicht das Gute, das ich will, sondern das Böse, das ich nicht will." Damit stehen wir vor einer ausweglosen Schwierigkeit, denn der Versuch, sich selbst zu bessern, kommt dem Vorhaben gleich, sich selbst am eigenen Schopf aus dem Sumpf ziehen zu wollen. Das aber konnte bekanntlich nur Münchhausen. Doch gibt es alle möglichen Arten, wie religiöse Menschen zu erklären versuchen, daß das eben *doch* möglich sei. Aber Sie können das nicht selbst zustandebringen, weil nun einmal das „Ich", das sich ans Werk der

Verbesserung machen will, genau das „Ich" ist, das verbessert werden soll. So bleibt nichts anderes übrig als der Ruf: „O Gott, komm mir zu Hilfe!" Daß Gott existiert, ist natürlich *Ihre* Meinung; daß Gott Ihr Gebet erhört, ist *Ihre* Meinung; und Ihre Gottesvorstellung ist *Ihre* Gottesvorstellung. Selbst wenn Sie das alles von jemand anderem übernommen haben – *Sie* haben es übernommen! Vielleicht haben Ihre Mutter und Ihr Vater Ihnen überzeugend von Gott erzählt, aber grundsätzlich sind *Sie* es, der/die sich davon hat überzeugen lassen. Vielleicht sind Sie selbst Vater. Ich bin Großvater. Ich habe fünf Enkel, und ich weiß, daß ich genauso einfältig bin, wie mein Großvater gewesen sein muß. Trotzdem bin ich für sie jemand, auf den sie schauen und von dem sie bei sich denken: „Mensch, toll! Was für ein wichtiger Mann!" Aber ich weiß, daß ich nur ein Mensch wie jeder andere bin. So hoffe ich, daß meine Kinder nichts bloß auf meine Autorität hin glauben, denn letztlich entscheiden sie immer mit *ihrer* Autorität, was sie glauben. Wenn ich eindrucksvoll dreinschaue und vor ihnen wichtig tue, überrolle ich sie einfach.

Nehmen wir also an, es gebe Gott und es gebe seine Gnade, eine Gnade als eine Art Seil, das er dem Menschen zuwirft, damit er daran hochklettern kann, statt versuchen zu müssen, sich am eigenen Schopf hochzuziehen. Gut, Sie wollen also Gnade haben. Der Theologe wird Ihnen sagen: „Ja, Gott verschenkt seine Gnade aus freien Stücken. Er schenkt allen seine Gnade, denn er liebt alle. Sie umgibt uns wie die Luft; wir müssen nur empfänglich für sie sein." Oder ein stärker orthodoxer, vielleicht katholischer Christ wird sagen: „Sie brauchen sich bloß taufen zu lassen und die heilige Kommunion zu empfangen, das Brot und den Wein, den Leib und das Blut Christi. Darin steckt direkt die Gnade. Sie wird uns über diese schlichten materiellen Dinge übermittelt, so daß sie ganz leicht zu haben ist." Nun, Unmengen von Menschen sind getauft worden, aber die Taufe greift nicht immer. Die Leute fallen aus der Gnade heraus. Warum eigentlich? Sie sehen, wir reden immer noch über das gleiche

Problem wie am Anfang, nur müssen wir es um eine Drehung höherschrauben. Das erste Problem hieß: „Wie kann ich mich selbst verbessern?" Das zweite heißt jetzt: „Wie kann ich die Gnade empfangen?" In Wirklichkeit handelt sich bei beiden Problemen um ein und dieselbe Frage, denn in jedem Fall müssen Sie einen Schritt vollziehen, der Sie Ihrer eigenen Kontrolle entzieht und der Kontrolle eines „Besseren" unterwirft. Und wenn Sie nicht an die christliche Art von Gott glauben, dann können Sie an die hinduistische Art glauben und sich Gott als Ihr innerstes Selbst vorstellen. Sie haben ein niederes Selbst, das Sie als Ihr Ich oder Ego bezeichnen – das ist der kleine Gauner in Ihnen, der ständig „Ich, Ich!" schreit. Aber hinter dem Egoisten gibt es *atman*, das innere Selbst, den Geist, der substantiell mit Gott identisch ist. Sie müssen also so meditieren, daß Sie sich mit Ihrem höheren Selbst identifizieren.

Doch wie machen Sie das? Nun, Sie fangen damit an, daß Sie ganz sorgfältig auf alle Ihre Gedanken achten. Sie beobachten Ihre Gefühle, Ihre Emotionen, und Sie fangen an, eine Trennlinie zwischen dem Beobachter und dem, was Sie beobachten, zu ziehen. Dadurch erreichen Sie, daß Sie nicht mehr ständig von Ihrem eigenen Bewußtseinsstrom fortgerissen werden. Sie bleiben der Zeuge, der sich passiv und unparteiisch alles Urteilens enthält und einfach allem zusieht, wie es kommt und geht.

Nun, das sieht wie eine Art Fortschritt aus. Zumindest betrachten Sie objektiv, was vor sich geht, und Sie kommen allmählich in die Lage, darüberzustehen. Doch halt! Wer ist dieses Ich hinter dem Ich, nämlich das beobachtende Ich? Können Sie auch dieses Ich beobachten? Wenn Sie das können, wird es recht interessant, denn natürlich merken Sie dann, daß das beobachtende Ich hinter allen Ihren Gedanken und Gefühlen wiederum selbst ein Gedanke ist. Das heißt, wenn die Polizei in ein Haus eindringt, in dem sich Diebe aufhalten, laufen die Diebe aus dem Erdgeschoß in den ersten Stock. Bis die Polizei in den ersten Stock kommt, sind die Diebe bereits im zweiten, und so geht das weiter in den dritten Stock hinauf und schließlich aufs Dach hinaus. Genauso läuft es, wenn das Ich gerade demaskiert wird: just in dem Moment identifiziert es sich schnell mit dem höheren Ich. Es rennt einen Stock höher, denn die religiöse Version des Spiels ist lediglich eine verfeinerte und geistig anspruchsvollere Form des gewöhnlichen Spiels: „Wie kann ich mich selbst überlisten?" Wenn ich zum Beispiel finde, daß bei meiner Suche nach befriedigenden Genüssen die gewöhnlichen Genüsse dieser Welt – Essen, Sex, Macht, Besitz – öde werden und es mir kommt: „Nein, das ist es nicht" und mich dann auf Kunst, Literatur, Dichtung und Musik verlege und ich in diesen Dingen aufgehe, dann passiert es mir nach einiger Zeit, daß ich merke: Auch das ist nicht die Antwort. So widme ich mich der Psychoanalyse, und ich stelle fest: Auch das ist es nicht. Hierauf wende ich mich der Religion zu – aber genau genommen suche ich immer noch das gleiche wie damals, als ich unbedingt Pralinen wollte! Jetzt sind die religiösen Erfahrungen meine Süßigkeiten. Ich habe bloß dazugelernt, daß materielle Süßigkeiten ungenügend bleiben, weil alles Materielle zerfällt; aber vielleicht gibt es eine spirituelle Süßigkeit, die von Bestand ist. Bei all dem ist die spirituelle Suche nichts wesentlich anderes als mein früheres Suchen nach Pralinen. Es ist die gleiche alte Geschichte, bloß daß ich die Pralinen verfeinert und daraus etwas Abstraktes und Erhabenes und Heiliges gemacht habe. Genauso ist es mit dem höheren Selbst. Das höhere Selbst ist mein gleiches altes Ego, bloß hoffe ich jetzt, es sei ewig, unzerstörbar und unendlich weise.

Das Hauptproblem besteht jetzt darin, dieses höhere Selbst zu aktivieren. Worin besteht der Unterschied zwischen dem, was man tut, und dem, was man denkt? Ich kenne alle möglichen Leute, die dieses höhere Selbst aktiviert haben. Sie machen fleißig ihre Yoga-Übungen, und es sind genau die gleichen Leute wie alle anderen, wenn auch gelegentlich ein bißchen schlimmere. Sie sehen, auch die können sich selbst hereinlegen. Sie können sagen: „Auf religiösem Gebiet vertrete ich einen sehr liberalen Standpunkt. Ich glaube, daß alle Religionen ein Stück Offenbarung in sich enthalten, und ich verstehe gar nicht, warum sich die Leute darüber so entzweien." Andere sagen: „Doch, Gott hat seinen Geist in alle Traditionen hineingegeben, aber die *unsrige* ist die bestentwickelte und reifste." Dann kommt ein anderer daher und sagt: „Ja, auch ich glaube, daß es sich bei allen um die gleiche Art von Offenbarungen des Göttlichen handelt. Weil ich das so sehe, bin ich allerdings toleranter als du." Sehen Sie also, wie dieses Spiel abläuft?

Nehmen wir einmal an, Sie betrachten mich als eine Art Guru. Nun, Sie wissen, wie sich die Gurus gegenseitig hassen und wie jeder den anderen niedermacht. Aber ich könnte sagen: „Ich mache die anderen Gurus nicht nieder". Damit hätte ich allen anderen eines ausgewischt und wäre der Größte. Sie sehen, wir tun das ständig. Wir finden immer eine Möglichkeit, einen Schritt voraus zu sein, und das mit den raffiniertesten und unglaublichsten Mitteln. Sie sagen jetzt vielleicht: „Ich merke, daß ich das ständig tue. Aber jetzt sagen Sie mir, wie ich damit aufhören kann!" Darauf würde ich entgegnen: „Warum wollen Sie das wissen?" Sie würden mir vielleicht antworten: „Na ja, um es dann besser zu machen." „Ja, aber warum wollen Sie es besser machen?" Sie sehen, der Grund dafür, daß Sie besser sein wollen, ist der Grund dafür, daß Sie es nicht sind. Es liegt daran, daß Sie es sein *wollen*, statt einzusehen, daß Sie es bereits *sind*. „Der Weg zur Hölle ist mit guten Vorsätzen gepflastert", und das aus dem Grund, weil alle, die in der Welt Gutes tun, sei es für andere oder für sich selbst, ständig Ungutes bewirken. Das ist wie mit dem Affen, der sprach: „Komm, ich will dir helfen, damit du nicht ertrinkst!" und den Fisch so in einem Baum aufhängte, daß er nicht mehr ins Wasser fallen konnte.

Wir Europäer und Amerikaner haben die letzten hundert Jahre oder schon länger die Welt verheert, um sie zu bessern. Wir haben die Wohltaten unserer Kultur – unsere Religion und unsere Technologie – jedermann gegeben (ausgenommen vielleicht die australischen Aborigines). Wir haben darauf bestanden, daß alle Menschen die Segnungen unserer

Kultur und sogar unseren politischen Stil übernehmen: „Entweder ihr werdet demokratisch, oder wir schießen euch nieder!" Und nachdem wir jetzt die ganze Welt mit diesen Segnungen beglückt haben, wundern wir uns, warum uns der Rest der Welt nicht mag. Manchmal ist es erstaunlich destruktiv, wenn man anderen, und sogar, wenn man sich selbst Gutes tut. Außerdem stecken darin ungemeine Tücken. Woher weiß man, was für andere Leute gut ist? Woher weiß man, was für einen selbst gut ist? Wenn man sagt, man möchte sich bessern, dann müßte man zuerst einmal wissen, was überhaupt für einen gut ist; aber das wissen wir offensichtlich nicht, denn wenn wir es wüßten, wären wir schon besser.

Wir wissen es also nicht. Das gleicht dem Problem, vor dem heute die Genetiker stehen. Erst unlängst nahm ich an einer Tagung von Genetikern teil, zu der diese eine Gruppe von Philosophen und Theologen eingeladen hatten. Die Genetiker sagten zu den Philosophen und Theologen: „Schaut her, wir brauchen eure Hilfe. Wir stehen jetzt kurz vor der Möglichkeit, Menschen künstlich heranzuzüchten, und zwar mit jedem beliebigen Charakter, den wir gern haben möchten. Wir könnten euch dann Heilige, Philosophen, Wissenschaftler und große Politiker besorgen, je nachdem, was ihr gern hättet. Ihr braucht es uns nur zu sagen. Welche Art von Menschen sollen wir also heranzüchten?" Ich sagte darauf: „Wie können wir als nicht genetisch Gezüchtete, sondern wild Herangewachsene uns vorstellen, wie genetisch gezüchtete Menschen sein werden? Ich befürchte sehr, unsere Selektion von Tugenden wird nicht funktionieren. Das könnte ähnlich wie bei diesem Hochertragsgetreide sein, das sich als ökologisch destruktiv erweist. Wenn wir uns in die Prozesse der Natur einmischen und effizientere Pflanzen und Tiere züchten, müssen wir auf die eine oder andere Weise immer dafür bezahlen. Ich kann mir gut vorstellen, daß eugenisch produzierte Menschenwesen etwas Schreckliches sein werden." Schauen Sie, wir könnten zum Beispiel von einer Seuche tugendhafter Menschen heimgesucht werden. Ich meine, jedes Tier ist für sich selbst genommen etwas Geniales; es hat seine ganz eigene Art; aber wenn es in Massen auftritt, ist es schrecklich. Ich könnte mir vorstellen, daß ein Millionenheer von Heiligen eine entsetzliche Landplage werden könnte, genau wie ein Herr von Ameisen oder Heuschrecken, die alles verwüsten. So sagte ich zu den Genetikern: „Achten Sie wenigstens darauf, daß eine große Bandbreite von Menschenarten erhalten bleibt. Bitte züchten Sie uns nicht so nieder, daß nur noch einige ausgewählte Prachtexemplare von uns übrigbleiben – die inwiefern prächtig wären? Wir wissen nie, wie sich die Umstände ändern werden und wie sich unser Bedarf nach verschiedenen Arten von Menschen wandelt. In der einen Zeit brauchen wir vielleicht sehr individualistische und aggressive Menschen, zu einer anderen Zeit vielleicht sehr kooperative, teamfähige, und wieder zu einer anderen Zeit Menschen, die besonders darauf aus sind, geschickt die äußere Welt zu steuern. Dann könnte wieder eine Zeit kommen, wo wir Menschen brauchen, die eher introspektiv veranlagt sind und ihre eigene Psyche erforschen. Wir können das nicht wissen, aber eines ist ganz klar: Über je mehr Vielfalt und je mehr Fertigkeiten wir verfügen, desto besser werden wir gestellt sein."

So sind wir mit unserem Problem bei der Genetik gelandet. Wir wissen nicht wirklich, wie wir in das Bestehende eingreifen sollen. Die Welt ist derzeit ein ungeheuer komplexer, vernetzter Organismus. Das gleiche Problem stellt sich in der Medizin, denn auch unser Körper ist ein sehr komplex vernetzter Organismus. Betrachtet man den menschlichen Körper nur oberflächlich, dann scheint bei einer Krankheit nur irgend etwas an ihm gerade nicht zu stimmen, und man behandelt das äußere Symptom statt die innere Ursache. Nehmen wir an, Sie haben Windpocken, deren Ursache im Blut liegt. Das kommt von irgendeinem Tierchen und äußert sich in Form von juckenden Stellen auf dem ganzen Körper. Aber es hilft nichts, daß Sie bloß die Flecken wegkriegen. Sie müssen das Tierchen umbringen. So wollen

Sie das Tierchen umbringen. Doch da stellen Sie fest, daß das gar nicht so einfach ist, denn Sie müssen in Ihren Körper andere Tierchen einbringen, um diesem Tierchen beizukommen. Das ist, wie wenn man Kaninchen nach Australien bringt: Alles läuft aus dem Ruder. Schließlich kommt Ihnen der Gedanke: „Halt, einen Augenblick. Das waren nicht bloß die Tierchen im Blut; da gibt es überall noch mehr Tierchen. Das Problem bei Windpocken ist, daß das Blutsystem plötzlich gerade gegenüber diesen Tierchen anfällig wird. Meine Abwehrkräfte müssen geschwächt gewesen sein. Ich hätte nicht Antibiotika nehmen sollen, sondern Vitamine."
Gut, so bauen Sie also Ihre Abwehrkräfte auf; aber was genau wollen Sie eigentlich abwehren? Vielleicht bauen Sie jetzt Ihre Abwehr gegen alle diese Arten von Tierchen auf, aber dann gibt es plötzlich eine neue Art von Tierchen, die genau diesen Zustand mögen und unverzüglich einrücken. Medizinisch betrachten wir das Menschenwesen immer in Stücken und Teilen. Wir haben Herzspezialisten, Lungenspezialisten, Knochenspezialisten, Nervenspezialisten usw., und jeder von ihnen sieht das Menschenwesen von seinem Standpunkt aus. Es gibt ein paar Allgemeinpraktiker, aber ihnen ist klar, daß der menschliche Körper so kompliziert ist, daß ihn ein einziger Mensch gar nicht ganz überblicken kann. Und zudem: Nehmen wir an, wir könnten tatsächlich mit Erfolg alle Menschen von ihren Krankheiten heilen – was machen wir dann mit dem Problem der Überbevölkerung? Wir haben die Cholera und die Beulenpest gestoppt, die Tuberkulose immer besser im Griff, und vielleicht schaffen wir es auch noch mit dem Krebs und dem Herzinfarkt. Aber woran werden die Menschen dann sterben? Sie werden womöglich einfach weiterleben. Folglich wird es bald Unmengen von uns geben, und so werden wir nicht um eine drastische Geburtenkontrolle herumkommen und an alle die Pille austeilen müssen. Aber wie steht es mit den Nebenwirkungen der Pille und den psychologischen Auswirkungen auf Männer und Frauen, die nicht mehr wie üblich Kinder aufziehen? Was werden sie tun? Werden sie zu Homosexuellen werden?

Wir wissen es nicht. Was heute noch eine gute Sache zu sein scheint, oder gestern eine war, wie etwa das DDT, von dem stellt sich morgen heraus, daß es eine Katastrophe ist. Vieles, was im moralischen oder spirituellen Bereich in vergangenen Zeiten wie eine große Tugend ausgesehen hat, erscheint heute allzuleicht als schreckliches Übel.

Nehmen Sie zum Beispiel die Inquisition. Zu ihrer Zeit wurde die Heilige Inquisition unter den Katholiken ungefähr so eingeordnet, wie wir heute die Praxis der Psychiatrie verstehen. Ein Häretiker war ein schwer kranker Mensch. Man mußte großes Mitleid mit ihm haben, denn wenn er einen falschen Glauben hatte, war er dazu verdammt, dereinst in der raffiniertesten Folterkammer, die man sich nur denken kann, in Ewigkeit leiden zu müssen. Sie müssen sich dazu vorstellen, daß jemand diese Überzeugung so ernsthaft vertritt, wie wir heute Krebs oder Schizophrenie diagnostizieren. Wenn es nun darum geht, einen Menschen zu heilen, meinen wir ja, es sei fast alles erlaubt: die kompliziertesten Operationen; Menschen tagelang an Schläuche anzuschließen und mit Röntgen- und Laserstrahlen zu beschießen, um krankes Gewebe wegzubrennen; Menschen Schockbehandlungen auszusetzen; Menschen in die farblosen, monotonen Korridore der Nervenheilanstalten einzusperren, ohne daß sie wissen, ob sie jemals wieder herauskommen, weil sie nicht verstehen können, was man von ihnen eigentlich erwartet, und weil das die Psychiater selbst auch nicht wissen. Es ist eine Art von kafkaeskem Alptraum. Wir halten diese Chirurgen und Psychiater für sehr gute, rechtschaffene Menschen, die sich darum bemühen, die Leiden der Menschen zu lindern. Nun, genau das gleiche dachte man seinerzeit von den Inquisitoren. Aus subjektiv bestem Glauben hielten sie Hexerei und Häresie für schreckliche Dinge und entsetzliche Plagen, die die Seelen der Menschen für alle Ewigkeit der Verdammnis aussetzten. Folglich war jedes Mittel recht, um die Menschen von der Häresie zu heilen. Grundsätzlich hat sich unsere diesbezügliche Einstellung nicht geändert. Wir tun heute noch das gleiche, bloß unter ganz anderen Namen.

Wir können auf diese Menschen zurückschauen und sehen, wie fürchterlich schlimm das alles war, aber bei uns selbst können wir das nicht sehen.

Darum Hände weg von aller Tugend! Der chinesische Philosoph Lao-tse sagte, die höchste Tugend sei sich ihrer selbst nicht als Tugend bewußt und sei darum die eigentliche Tugend; die niedrigere Tugend dagegen sei sich ihrer selbst als Tugend derart bewußt, daß sie gar keine Tugend sei. Mit anderen Worten, wenn Sie atmen, beglückwünschen Sie sich nicht selbst dazu, ein tugendhafter Mensch zu sein. In Wirklichkeit ist Atmen tatsächlich eine Tugend; es bedeutet Leben. Wenn Sie mit wunderbaren blauen, braunen oder grünen Augen zur Welt gekommen sind, wie das vielleicht der Fall ist, dann beglückwünschen Sie sich nicht selbst dazu, die zwei schönsten Juwele auf Erden aufgezogen zu haben. Sie sagen vielmehr: „Oh, das sind halt Augen." Aber betrachten Sie es nicht als Tugend, zu sehen und die Wunder der Farben und Formen zu genießen? Sie sagen: „Ach, das ist ja bloß das Sehen." Aber das ist wirkliche Tugend. Das englische Wort für Tugend, „virtue", abgeleitet vom lateinischen „virtus", bedeutet, daß Tugend Kraft, Energie vermittelt. So spricht man im Englischen zum Beispiel von der „healing virtue", der „Heilkraft" von bestimmten Pflanzen. Die anderen Tugenden sind lediglich aufgesetzt, sind Imitationen von Tugenden, und gewöhnlich verursachen sie Ärger. Im Namen der Rechtschaffenheit werden besonders viele teuflische Dinge veranstaltet, und Sie dürfen sicher sein, daß jeder, gleich welcher Nationalität oder politischer Überzeugung oder Religion, wenn er in den Krieg zieht, dies mit dem Gefühl tut, völlig im Recht zu sein, denn immer ist der Gegner der Teufel. Unsere Widersacher, seien sie in China, Rußland oder Vietnam, fühlen sich mit dem, was sie tun, genauso im Recht wie wir unsererseits. „Die Pest auf beide Häuser!" Konfuzius hat dazu gemeint: „Die besonders Tugendhaften sind die Diebe der Tugend", was mit anderen Worten das gleiche sagt wie unser Sprichwort: „Der Weg zur Hölle ist mit guten Vorsätzen gepflastert."

So besteht die Moral oder Unmoral dieser Überlegungen darin, daß Sie, wenn Sie genau darauf achten, was in Ihnen vorgeht, erkennen, daß Sie absolut nichts tun können, um sich selbst zu bessern. Sie wissen nicht einmal, was „besser" ist, und auf jeden Fall ist das „Ich", das die Verbesserung unternehmen will, genau das „Ich", das verbessert werden muß. Das gilt auch für die Gesellschaft. Wir können die Gesellschaft ändern. Wir können uns gewaltig in die Vorstellung hineinsteigern, die Revolution stehe unmittelbar bevor, und dann werde alles viel besser werden. Aber kennen Sie eine Revolution, die alles sehr viel besser gemacht hat? Dabei ist es ganz gleich, ob die Revolution vom linken Flügel ausging oder vom rechten. Die besten Regierungsformen, die jemals auf der Welt bestanden haben, waren diejenigen, deren Vertreter sich recht und schlecht durchgewurstelt haben, ohne ein ganz klar konzipiertes Kontrollsystem zu haben. Sie hatten das, was ich als eine Art von „kontrollierter Anarchie" bezeichnen würde, und dieses System scheint besser zu funktionieren als alles andere. Wenn Sie über ein großes System und über echte Macht verfügen, es durchzusetzen, dann gibt es immer besonders viel Gewalttätigkeit, Blutvergießen und Ärger. Dabei macht es nichts aus, ob vorne der Vorsitzende Mao steht oder der Führer Adolf Hitler. Wir können nicht uns selbst überlisten, wir können nicht vorsätzlich selbstvergessen handeln, wir können nicht nach Plan spontan sein, und wir können nicht echt lieben, indem wir die gute Absicht entwickeln zu lieben. Entweder man liebt jemanden, oder man liebt ihn nicht. Wenn man nur so tut, als liebe man jemanden, betrügt man ihn und liefert ihm gute Gründe, einen nicht zu mögen. Heutzutage hören wir Unmengen von Liedern über die Liebe, und man tut gerade so, als werde bald eine Gesellschaft grenzenloser Liebe anbrechen. Wissen Sie, was da das Gescheiteste wäre? Sich eine Flinte zu kaufen und seine Haustür zu verrammeln, denn das kündigt bloß an, daß bald ein Sturm der Heuchelei losbrechen wird. Da kommt dann ein Trupp dummer Kerle daher und sagt: „Nimm's leicht, wenn wir dein Zeug wegnehmen. Schließlich gehört genau genommen niemandem etwas ganz privat. Und da du sicher ein gütiger und spiritueller Mensch bist, willst du ja bestimmt alles mit uns teilen."

Betrachten wir das noch von einer anderen Seite, unter einem Gesichtspunkt, von dem Sie zunächst meinen werden, er sei ziemlich deprimierend. Gesetzt den Fall, wir können gar nichts tun, um uns selbst zu bessern. Das ist das schlimmste, was man einer amerikanischen Zuhörerschaft zumuten kann: die Aussage, es gebe keine Möglichkeit, sich zu bessern. Alles in unserem Land ist darauf angelegt, daß man sich selbst verbessert. Warum gehen viele Leute in die Oper oder ins Symphoniekonzert? Nur ein kleiner Teil der Zuhörer geht aus reiner Freude an der Musik ins Konzert. Alle anderen gehen, um dort gesehen zu werden und sich selbst dort zu sehen, denn das ist Kultur, und da tut man sich selbst etwas Gutes. Oder nehmen Sie das Jogging, diese alberne Übung. Es ist ganz hübsch, in schnellem Tempo über die Hügel zu laufen und zu tanzen, aber da sieht man diese Jogger ihre Knochen schütteln, ihr Hirn erschüttern und sich die Fersen ablaufen. Und sie haben etwas Grimmiges an sich, weil ihnen das so wahnsinnig gut tut. Warum gehen Sie zur Universität? Es gibt nur einen Grund, zur Universität zu gehen, und das ist der, daß dort jemand etwas weiß, das Sie gern erfahren möchten. Der springende Punkt beim Studieren ist, daß man sich für etwas Bestimmtes interessiert. Man geht nicht an die Universität, um sich selbst zu bessern. Das Dumme ist nur, daß die Universitäten das nicht richtig sehen; sie verteilen Diplome dafür, daß man so gut gelernt hat. Die Belohnung für das Französischstudium sollte eigentlich sein, daß man Französisch spricht, mühelos Französisch liest und sich mit Franzosen amüsieren kann. Aber wenn man ein Diplom dafür bekommt, dann wird das Diplom zum Wichtigsten daran, und das ganze wird zum Wettbewerb, wer der beste Französischlerner ist.

Natürlich gehört der Wettbewerb, wer der Beste wird, ganz wesentlich zu unserem heutigen Ausbildungssystem. Man lernt alle Spielregeln dafür, wie man ein guter Professor wird. Es ist sehr lehrreich, zu einem Professorentreffen zu gehen. Wenn man auf meinem Gebiet, dem der Philosophie, zu einem Philosophenkongreß geht und sich dann miteinander in einer Bar oder einem Restaurant oder bei jemandem auf dem Zimmer trifft, dann wird ein Thema ganz ausgeklammert: das ist die Philosophie. Es wäre sehr geschmacklos, sich im Kreis seiner Kollegen für Philosophie zu interessieren. Das gleiche gilt für Pfarrertreffen. Über eines reden sie auf keinen Fall miteinander: über den Glauben. Dagegen unterhalten sie sich ausführlich über die Kirche bzw. über die Universitätspolitik. Sie sehen, es zeugt von schlechtem Geschmack, wenn man unter seinen Kollegen auf seinem Gebiet brillant ist, denn damit stellt man die Kollegen in den Schatten. Aus diesem Grund neigt die Fakultätsbelegschaft dazu, eine gelehrte Mittelmäßigkeit einzuhalten. Sie müssen gut aufpassen, daß die Studenten nicht in Scharen zu Ihren Vorlesungen strömen, denn sonst werden Sie von Ihren Kollegen schief angeschaut. Und dann gibt es natürlich den pausenlosen Wettlauf um den vordersten Platz beim Forschen und Publizieren, um die Zahl der Fachartikel, um das Verhältnis der Fußnoten zum Haupttext, um Fußnoten zu den Fußnoten und um die besten Möglichkeiten, eine möglichst lückenlose Literaturliste zu erstellen. Hier kommt man nie an ein Ende. Aber Sie sehen, im Grunde werden hier gelehrte Studien über gelehrte Studien getrieben. Genauso wie das Lernen nicht viel bringt, wenn man nur lernt, weil einem das Lernen so guttut, so trägt auch die Vorstellung, man verbessere sich selbst, indem man lerne, nichts zum Lernprozeß bei. Auf die gleiche Weise heißt Geschäfte treiben eben Geschäfte treiben. Es kann eine sehr schöne Sache sein, Kleiderhersteller zu sein. Ich könnte mir vorstellen, daß es einem sehr viel Freude macht und man sehr stolz darauf sein kann, schöne Kleider herzustellen. Natürlich wird man sie verkaufen müssen, denn man braucht auch etwas zum Essen. Aber wenn man nur Kleider herstellt, um Geld zu verdienen, wird das wieder problematisch. Dann interessiert man sich nicht wirklich für das Kleidermachen, sondern für das Geldmachen, und dann schwindelt man eigentlich mit den Kleidern. Gesetzt den Fall, Sie würden eine Unmenge Geld bekommen, was würden Sie damit machen? Sie können nicht an einem einzigen Tag zehn Roastbeefs essen. Sie können nicht in sechs Häusern gleichzeitig wohnen. Sie können nicht drei Rolls Royces gleichzeitig fahren. Was würden Sie also mit dem vielen Geld machen? Nun, Sie könnten es so anlegen, daß daraus noch mehr Geld wird, Sie könnten es in irgend etwas investieren, damit es sich vermehrt, und es könnte Ihnen völlig egal sein, wie das zustande kommt, solange es nur funktioniert. Es ist nicht Ihre Sorge, wenn die Leute die Flüsse verpesten, überall ihre Abgase in die Luft jagen und alle Fische sterben lassen. Solange Sie gut in den schwarzen Zahlen sind, macht Ihnen alles andere nichts aus.

So haben Sie sich ursprünglich aufgemacht, um etwas für Ihre Besserung zu tun – und das Geldverdienen ist ja tatsächlich ein Maß für die persönliche Verbesserung, ein Maß für Ihren wirtschaftlichen Wert, oder jedenfalls nimmt man an, daß es das ist – aber Sie haben sich, anders ausgedrückt, auf den Status konzentriert statt auf die Sache. Wenn Sie Musiker sind, warum machen Sie dann Musik? Der einzig stichhaltige Grund dafür, Musik zu machen, ist die Freude am Musikmachen. Wenn Sie nur Musik machen, um ein Publikum zu beeindrucken oder um etwas über sich selbst in der Zeitung zu lesen, interessieren Sie sich nicht wirklich für Musik.

Folglich ist das der Sachverhalt: Die ganze Vorstellung von der Besserung seiner selbst ist nichts als Lug und Trug. Fangen wir also da an, wo wir tatsächlich stehen. Was geschieht, wenn Sie felsenfest und endgültig wissen, daß Sie überhaupt nichts machen können, um sich zu bessern? Nun, Sie verspüren eine Art Erleichterung. Ich bin, was ich bin, und damit basta. Jetzt sagen Sie: „Also gut, und was tue ich jetzt?", und ein bißchen regt sich wieder ein Kribbeln in Ihnen, denn wir sind ja so darauf gedrillt, alles immer ein bißchen zu bessern, und Ihnen fallen Sprüche ein wie: „Verlaß die Welt ein bißchen besser, als sie war, als du in sie gekommen bist", oder: „Ich möchte anderen Menschen helfen", und was es noch dergleichen ähnliche schreckliche Wahnvorstellungen gibt. Und es kribbelt immer noch ein bißchen. Aber wenn uns aufgeht, daß wir tatsächlich gar nichts tun können, um uns selbst oder die Welt zu verbessern, so schenkt uns das eine kurze Atempause, während der wir vielleicht einmal einfach zusehen, was passiert. Das tut fast niemand. Es klingt schrecklich einfach, so einfach, daß man fast meinen könnte, es lohne sich gar nicht, es zu tun. Aber haben Sie jemals einfach beobachtet, was geschieht, und was Sie in Reaktion darauf tun? Beobachten Sie einfach, was geschieht, und glauben Sie nicht vorschnell, Sie wüßten bereits, was es ist. Die Leute schauen hin und sagen: „Na ja, das ist die Außenwelt." Woher wissen Sie das? Aus neurologischer Sicht spielt sich das Ganze nur in Ihrem Kopf ab. Daß Sie meinen, da sei etwas außerhalb Ihres Schädels, ist nur eine Schaltung in Ihrem Nervensystem. Da draußen kann etwas sein, es kann aber auch nichts sein. Daß da draußen die materielle Welt sei, das ist eine bestimmte philosophische Vorstellung. Oder vielleicht glauben Sie, die Welt sei spiritueller Natur; dann ist auch das eine bestimmte philosophische Idee. Die wirkliche Welt ist weder spiritueller noch materieller Natur, die wirkliche Welt ist einfach *wie sie ist*.

Glauben Sie, wir könnten alles auf diese Weise anschauen, ohne, wie wir es immer tun, allem gleich Etiketten, Namen, Wertungen und Urteile aufzukleben? Könnten wir einfach zusehen, was geschieht, anschauen, was wir tun? Wenn Sie das tun, dann geben Sie sich wenigstens eine Chance. Und es könnte sein, daß, wenn Sie auf diese Weise vom Wahn befreit sind, immer gleich alles verbessern zu wollen, Ihre eigene Natur anfängt, sich um sich selbst zu kümmern. Wenn Sie erst einmal damit aufhören, sich selbst im Weg zu stehen, entdecken Sie, daß alles Wichtige, was Sie tun, Ihnen in Wirklichkeit zufällt. Kein großes Genie kann erklären, wie es das macht. Das Genie sagt: „Ja, ich habe eine Technik erlernt, mich selbst auszudrücken, denn in mir hat etwas gesteckt, was herauskommen mußte. Ich mußte lernen, das freizusetzen." Wenn Sie Musiker sind, müssen Sie lernen, wie man Musik macht, oder wenn Sie etwas beschreiben wollen, müssen Sie eine Sprache lernen, damit andere Sie verstehen können. Sie brauchen eine Technik. Aber können Sie darüber hinaus jemandem erklären, wie Sie in der Lage waren, diese Technik so zu gebrauchen, daß Sie die geheimnisvollen Dinge zum Ausdruck bringen konnten, die Sie den anderen mitteilen wollten? Wenn man das erklären könnte, dann gäbe es Schulen, in denen man unfehlbar musikalische Genies und wissenschaftliche Superhirne nachziehen könnte. Es würde von ihnen so viele geben, daß man sie im Dutzend für einen Apfel und ein Ei haben könnte. Allerdings würden wir dann wohl sagen: „So besonders genial sind alle diese Leute eigentlich doch nicht." Das Faszinierende an einem echten Genie ist nämlich, daß es etwas hervorbringt, was als Überraschung kommt und sich nicht fassen läßt. Aber schauen Sie doch, es ist ja schon ganz ähnlich mit unserem eigenen Gehirn: auch das ist für uns unbegreiflich; unser Gehirn ist immer noch wesentlich gescheiter als alle neurologische Wissenschaft. Es kann verblüffende intellektuelle und kulturelle Wunder vollbringen. Wir wissen nicht, *wie* wir das machen, sondern wir machen das einfach. Wir haben nicht systematisch daran gearbeitet, unser Hirn vom Affenhirn oder vom Hirn irgendwelcher sonstiger Vorfahren aus höher zu entwickeln, sondern das ist von allein so geworden.

Alles Wachsen ist grundsätzlich etwas, was geschieht; damit es geschieht, sind allerdings zwei Dinge wichtig. Das erste ist, wie bereits gesagt, daß man über die technische Fertigkeit verfügen muß, das, was geschieht, zum Ausdruck zu bringen; und das zweite, daß man sich nicht selbst im Weg steht. Aber schon ganz am Grund des Problems, daß wir alles unter Kontrolle behalten wollen, steht die Frage: „Wie kann ich mir selbst den Weg freigeben?" Würde ich Ihnen dazu eine genaue Anleitung liefern im Sinn von: „Wir wollen jetzt folgendermaßen uns selbst den Weg freigeben", so würde das schon wieder auf eine Form des sich selbst Verbesserns hinauslaufen. Wir stoßen im ganzen Verlauf der Geschichte der Spiritualität des Menschen immer wieder auf dieses Problem. Im Zen-Buddhismus wird dieses Dilemma so ausgedrückt: „Du kannst das nicht durch Nachdenken erreichen, und du kannst es nicht durch Nicht-Nachdenken erreichen." Man hört erst dann auf, sich selbst im Weg zu stehen, wenn man damit aufhört, das vorsätzlich zu wollen, weil man begriffen hat, daß man gar nichts dazu tun kann. Mit anderen Worten, es geschieht, wenn man einsieht, daß nichts, was man zur Besserung seiner Lage tun kann, einem irgendwie helfen könnte, daß aber genauso der Versuch, *nichts* zu tun, nichts hilft. Was bleibt Ihnen dann noch übrig? Sie sind in der Klemme. Sie sind reduziert auf bloßes Beobachten und Seinlassen.

FÜNFTES KAPITEL

TSCHUANG-TSE
WEISHEIT MIT HUMOR UND WITZ

Der chinesische Philosoph Tschuang-tse, der ungefähr um 300 v.Chr. oder sogar etwas früher gelebt hat, war ein sehr bemerkenswerter Mensch. Er ist einer der wenigen Philosophen der ganzen Antike, der über echten Humor verfügt hat, und deshalb liest er sich ungemein ermutigend.

Zum Teil macht den Humor des Tschuang-tse seine Kunst des Übertreibens aus. Das müssen wir uns immer vor Augen halten. Wenn man sein Werk liest, muß man also im Hinterkopf haben, daß er bewußt dick aufträgt. Man könnte diese Art damit vergleichen, daß eine Gruppe von engen Freunden miteinander plaudert, die Freunde ihre eigenen Einfälle ins amüsante Extrem steigern und dann miteinander in schallendes Gelächter darüber ausbrechen. Genau das macht Tschuang-tse, und auf diese Weise gelingt es ihm, recht anregende Dinge über den Wert eines nutzlosen Lebens zu sagen.

Die gesamte Vorstellung, jedes Ereignis im Leben könne nützlich, das heißt, für ein kommendes Ereignis zweckdienlich sein, ist für einen Taoisten absurd. Er betrachtet das Universum als durch und durch zweckfrei und nutzlos. Es ist ein Spiel, und doch ist es mehr als das, denn wenn man es als Spiel bezeichnet, trifft man immer noch nicht genau seinen Sinn. Wenn zum Beispiel ein taoistischer Weiser durch den Wald wandert, geht er nicht irgendwohin, sondern er wandert eben. Wenn er die Wolken beobachtet, gefallen sie ihm, weil sie kein festes Ziel haben. Er schaut den Vögeln zu, wie sie fliegen, und den Wellen, wie sie ans Ufer schwappen. Er bewundert alle diese Dinge, weil sie nicht auf die Art geschäftig sind, wie normalerweise die Menschenwesen geschäftig sind, und weil sie keinem anderen Zweck dienen, als das zu sein, was sie eben gerade jetzt sind. Aus diesem Grund sind die besonderen Stile der chinesischen Malerei in der T'ang-, Sung- und späteren Dynastien entstanden, wo das Hauptinteresse der Natur mit ihrer zielfrei dahinwandernden Art gilt. Wenn wir etwas als zwecklos bezeichnen, hat das gewöhnlich einen abwertenden Sinn. Wir sagen: „Das hat keine Zukunft. Welchen Zweck hat das also?" Daß wir fragen: „Welchen Zweck hat das?", ist eigenartig, und ich denke, es sollte uns aufgehen, daß diese Frage zeigt, wie krank wir sind. Der Taoist hat gerade daran seine Freude, daß die Dinge zwecklos sind, und die Zukunft ist ihm nicht wichtig.

Das kann man natürlich übertreiben, und Tschuang-tse tut das tatsächlich auf sehr humorvolle Weise, wenn er zum Beispiel den idealen nutzlosen Menschen beschreibt. Dieser Mensch ist bucklig und so verkrümmt, daß sein Kinn auf seinem Bauchnabel ruht, und doch ist er höchst bewundernswert, denn jedermann sieht auf der Stelle, daß er das Geheimnis des Lebens entdeckt hat. Wenn die Leute vom Sozialdienst vorbeikommen, ist er der erste, der sofort etwas umsonst erhält, und wenn die Rekrutierungsoffiziere unterwegs sind, um Leute für die Armee zu mustern, scheidet er als erster aus. Darum ist ihm ein langes Leben beschieden.

Tschuang-tse erzählt in einer anderen Geschichte von einer Gruppe Reisender, die an einen gewaltigen Baum kamen. Noch nie hatte jemand einen solch phantastischen Baum gesehen, und so gingen sie hin, um zu sehen, ob er für irgend etwas nützlich sein könnte. Zuerst prüften sie seine Blätter, aber sie fanden sie zu rauh und unangenehm und ungenießbar. Dann sahen sie nach seinen Zweigen, aber diese waren alle ganz krumm und taugten überhaupt nicht für Stäbchen; so untersuchten sie schließlich sein Holz, aber es stellte sich heraus, daß es voller Mark und daher zum Hausbau ganz und gar ungeeignet war. Das Ergebnis war, daß sie den Baum in Ruhe ließen. Er taugte für überhaupt nichts, und darum war er zu solch enormer Größe herangewachsen und so steinalt geworden. Tschuang-tse fordert uns nicht direkt auf, das alles wörtlich zu nehmen, aber so teilt er seine Ansichten mit.

In einer anderen Geschichte beschreibt er das Verhalten des vollkommenen Menschen:

> Der Mensch mit Charakter lebt in seinem Haus, ohne seinen Geist anzustrengen, und er ist tätig ohne Sorgen. Die Begriffe von richtig und falsch und das Lob und der Tadel anderer fechten ihn nicht an. Wenn alle Menschen innerhalb der vier Seen sich ihres Lebens freuen können, ist das sein Glück. Wenn alle Menschen wohlversorgt sind, ist das sein Friede. Er trägt Trauer im Gesicht und sieht aus wie ein Säugling, der seine Mutter verloren hat; er wirkt töricht und geht umher wie jemand, der den Weg verloren hat. Er verfügt über viel Geld zum Ausgeben, aber weiß nicht, woher es kommt. Er trinkt und ißt gerade genug und weiß nicht, woher die Nahrung kommt. Das ist das Benehmen des Menschen mit Charakter.

Und im Gegensatz dazu:

> Die Heuchler sind die Menschen, die alles als gut erachten, was immer die Welt als gut preist, und die alles für richtig halten, was die Welt als richtig preist. Wenn man ihnen sagt, sie seien Menschen des Tao, nimmt ihr Gesicht einen zufriedenen Ausdruck an. Wenn man sie Heuchler nennt, schauen sie beleidigt drein. Ihr Leben lang nennen sie sich selbst „Menschen des Tao", und ihr Leben lang bleiben sie Heuchler. Sie wissen, wie man eine gute Rede hält und erzählen geeignete Anekdoten, um eine beachtliche Zahl von Zuhörern anzulocken. Aber von Anfang bis Ende wissen sie überhaupt nicht, um was es eigentlich geht. Sie legen ein sauberes Gewand an und wählen dafür angemessene Farben. Sie geben sich ein malerisches Aussehen, um beim Volk beliebt zu sein, aber sie weigern sich zuzugeben, daß sie Heuchler sind.[31]

---

[31] Alle Zitate aus Tschuang-tse nach der englischen Ausgabe von Herbert A. Giles, *Chuang-tzu: Mystic, Moralist, and Social Reformer*, Kelly and Walsh, Shanghai 1926

Die Beschreibung des Menschen, der in Gesichtsausdruck und Erscheinung tölpelhaft wirkt und umherwandert, als habe er den Weg verloren und wisse überhaupt nichts, knüpft an den Text von Lao-tse an, wo er sagt:

> Alle Menschen sind so strahlend,
> als ginge es zum großen Opfer,
> als stiegen sie im Frühling auf die Türme.
> Nur ich bin so zögernd, mir ward noch kein Zeichen,
> wie ein Säugling, der noch nicht lachen kann,
> unruhig, umgetrieben, als hätte ich keine Heimat.
> Alle Menschen haben Überfluß;
> nur ich bin wie vergessen.
> Ich habe das Herz eines Toren, so wirr und dunkel.
> Die Weltmenschen sind hell, ach so hell;
> nur ich bin wie trübe.
> Die Weltmenschen sind klug, ach so klug;
> nur ich bin verschlossen in mir,
> unruhig, ach, als wie das Meer,
> wirbelnd, ach, ohn Unterlaß.
> Alle Menschen haben ihre Zwecke;
> nur ich bin müßig wie ein Bettler.
> Ich allein bin anders als die Menschen:
> Doch ich halte es wert,
> Nahrung zu suchen bei der Mutter.[32]

Die Gestalt des taoistischen Weisen, wie sie Tschuang-tse zeichnet, trägt die Züge eines Narren. Der Narr ist jemand, der zu wenig weiß, um nicht im Regen stehenzubleiben, und er fällt aus dem allgemeinen Wettlauf heraus. Alle anderen sind ihm beim Einheimsen der materiellen Preise des Lebens weit voraus, und sogar der spirituellen Preise. Der Narr ist der Mensch, der nirgendwohin geht. Er sitzt am Straßenrand und redet Unsinn. Der Narr ist wie ein mongoloides Kind, das keinen Sinn für den Überlebenskampf hat; es

---

[32] Lao-tse, *Tao te king* (Nr.20), übersetzt von Richard Wilhelm, Düsseldorf-Köln 1978, 60

nimmt einen Teller Speise und rührt mit dem Finger darin herum, es macht aus dem Gericht einen herrlichen Matsch und schaut zu, wie er von seinen Fingern tropft. Es ißt eine ganze Zeit lang gar nicht davon, und dann spielt es auf alle möglichen Weisen damit herum, bis seine Aufmerksamkeit von etwas anderem in Beschlag genommen wird, und dann läuft es dem nach. Solange man ihm nicht in die Quere kommt, bleibt er der friedlichste Zeitgenosse, aber er hat keinerlei Ambitionen; er kämpft nicht für sich selbst, und niemand kann ihn je dazu bringen.

Man ahnt vielleicht, warum der Narr schon immer als eine Art von analoger Gestalt zum Weisen benützt worden ist. So sagt z. B. Shankara:

Manchmal nackt, manchmal verrückt,
Jetzt ein Gelehrter, dann ein Narr.
So erscheinen sie auf Erden,
die freien Menschen.

Die Biographien der frühen Jahre von Sri Ramakrishna oder Sri Ramana spiegeln in ihrer Wildheit dieses Selbstverständnis wider. Aber man darf sie genau wie die Texte des Tschuang-tse nicht zu buchstäblich nehmen. All das wird gesagt, um überstark ein Gegengewicht zu einer anderen Art von Übertreibung auf der Seite des anderen Extrems zu schaffen.

Vor vielen Jahren erklärte mir einmal ein japanischer Gelehrter die Lehre des Buddhismus, und er sagte damals etwas, was ich seitdem bei niemandem mehr gehört habe. Er sagte, der Buddha habe gelehrt, daß das Leben Leiden sei, um die falsche Auffassung zu korrigieren, das Leben müsse nur aus Freuden bestehen. Er habe gesagt, alles sei unbeständig, um die falsche Auffassung zu korrigieren, das Bestehende dauere endlose Zeit fort. Auf diese Weise habe er mit einem Extrem das andere Extrem ausgleichen und den mittleren Weg vorlegen wollen. Das ist eine sehr geläufige Technik im asiatischen Denken, die sich vor allem im Zen findet. Wenn man dort zum Beispiel die Lehrer nach etwas aus dem Bereich des Sakralen fragt, geben sie immer eine Antwort aus dem Bereich des Profanen. Stellt man ihnen die Frage: „Was ist der Buddha?", so antworten sie vielleicht: „Der Baum im Garten." Und fragt man sie nach etwas Profanem, so antworten sie mit etwas Sakralem. Da arbeiteten zum Beispiel ein Meister und sein Schüler auf dem Feld und benützten zum Schneiden ein Messer. Der Schüler sagte plötzlich zum Meister: „Gib mir das Messer!" Da reichte ihm der Meister das Messer, und zwar mit der Schneide voraus. Der Schüler sagte hierauf: „Bitte reiche mir das andere Ende", und der Lehrer entgegnete: „Was willst du mit dem anderen Ende tun?" Sie sehen, die Fragen geraten unverzüglich zu einer Art von metaphysischem Austausch; und dieses Spiel, dieses Hin und Her zwischen den Extremen, wird zum Spiegel und Auslöser dessen, worum es geht: im Geist den Sinn für die Polarität zu wecken, beide Seiten zugleich ins Bewußtsein zu bringen.

Tschuang-tses Philosophie erklärt alles als relativ. Von Anfang bis Ende betont er, daß es kein absolutes Kriterium für groß oder klein, für wichtig oder unwichtig gibt. Er erzählt eine Geschichte über jemanden, der Affen hielt und ihnen erklärte, er werde ihre Ration an Nüssen so einteilen, daß jeder morgens drei und abends vier Nüsse bekomme. Doch darüber regten sich die Affen furchtbar auf. So schlug der Affenhalter vor, ihnen morgens vier und abends drei zu geben, und das gefiel ihnen allen sehr. Die Zahl der Nüsse sei in beiden Fällen die gleiche gewesen, so erläutert Tschuang-tse dazu, aber auf diese Weise habe sich der Affenhalter an die Vorlieben und Abneigungen der Affen angepaßt. Und genau so verhalte sich der Weise. Bei Tschuang-tse geht einem auf, daß kleine Dinge so groß wie große Dinge sein können und daß große Dinge so klein wie kleine Dinge sein können. Alles kann man sowohl als groß als auch als klein erachten, als wichtig, aber auch als unwichtig, und dazwischen gibt es noch viele Abstufungen. Sein Begriff von der Welt ist also grundsätzlich zyklisch.

Das Lehren in Zirkelschlüssen ist eine von den Lehrern des Tao und Zen oft angewandte Methode. Als Kreismittelpunkt kann jeder beliebige Punkt des Umkreises dienen, und so kann man überall ansetzen. Ein Zen-*koan* besteht aus der Frage: „Indra baute den nahtlosen Turm. Wo fing er an?" Ein nahtloser Turm wäre also wie ein Hemdsärmel ohne Naht, ein zylindrischer Turm aus einem Guß. Wo fängt man an? Und: Wo fängt der Kreis an? Das kann der Kreis oder Zyklus des Lebens sein; die wechselseitige Abhängigkeit von Bienen und Blumen, die gegenseitige Bedingtheit von lang und kurz – alles ist kreisförmig. Man kann im Nirgendwo und im Überall ansetzen. Für die Beschreibung der Organe des Körpers legt Tschuang-tse eine Liste aller dieser Organe an, und dann sagt er: „So, und welchem geben Sie jetzt den Vorzug? Welches kommt zuerst, und welches folgt ihm nach? Welches herrscht, und welche sind die Diener?" Man sollte meinen, eines müsse das Ganze beherrschen, aber dieses eine hat noch nie jemand finden können. So fehlt der taoistischen Philosophie – und man könnte fast sagen, der chinesischen Philosophie überhaupt – die Vorstellung, daß die Welt einem obersten Chef gehorche. Innerhalb des Körpers gibt es kein Organ, das alle anderen regiert; seine Ordnung und seine Funktion kommen dadurch zustande, daß alle seine Einzelteile miteinander da sind, simultan wirken, sich wechselseitig ermöglichen. Keines ist der Chef. Die Schwierigkeiten der Menschen, die Philosophie des Tschuang-tse richtig zu verstehen, ergeben sich daraus, daß sie in den Kategorien von Regieren und Herrschen denken; sie sind darauf aus, sich selbst und ihre Umgebung zu beherrschen, was unweigerlich immer wieder zu Katastrophen führt. Tschuang-tse erzählt die Geschichte von einem alten Mann namens Po Loh. Po Loh war ein Pferdetrainer, und vielleicht geht auf ihn der Begriff „Polo" zurück. Tschuang-tse sagt, die Pferde seien freundliche, sympathische Geschöpfe gewesen, bis Po Loh sich eingemischt und ihre Natur verdorben habe. An einer anderen Stelle sagt er, ein guter Zimmermann brauche weder Winkel noch Lot; er könne ohne diese Geräte sauber arbeiten. Das stimmt auf eindrucksvolle Weise bei japanischen Zimmerleuten. Es ist faszinierend, in Japan diesen Zimmerleuten alter Schule zuzuschauen, wie sie nach den verworrensten Architekturzeichnungen arbeiten, die man sich denken kann. Sie verwenden die seltsamsten Instrumente und haben ein untrügliches Gespür dafür, alles nach Gefühl und Augenmaß harmonisch zusammenzufügen.

Bekannt ist die Geschichte von der zeremoniellen Setzung des Firstbalkens eines neuen Tempels. Die Arbeit wurde von einer bestimmten Zimmerergilde ausgeführt; sie hatte in der Stadt eine rivalisierende Gilde, die den Vertrag nicht bekommen hatte und sehr sauer darüber war. So kam nachts ein Mitglied der rivalisierenden Gilde und hackte ungefähr sechs Fuß vom Firstbalken ab. Als der Zimmermeister am Morgen auf die Baustelle gekommen und alle Priester zur Zeremonie der Setzung des Firstbalkens erschienen waren, schaute er den Balken an und sagte: „Jemand hat sich hier eingemischt. Das muß unsere feindliche Gilde gewesen sein. Sie haben sechs Fuß vom Firstbalken abgehackt. Aber kommt", fuhr er fort, „ich bekomme das schon hin." Daraufhin griff er nach seinem Hammer und klopfte zeremoniell auf den Balken, worauf er die Anweisung gab: „Hebt ihn auf." Er wurde eingesetzt, und er paßte genau. Der Witz an der Sache ist natürlich, daß er es hatte so kommen sehen und darum den Balken zu lang gemacht hatte. Doch wird diese Geschichte immer dazu verwendet, die Zimmermannskunst zu preisen. Der Zimmermann braucht kein Winkelmaß, weil er ein derart feines Gespür in den Knochen, in den Nerven und den Sinnen hat, daß er damit exakter als mit jedem Instrument arbeiten kann.

Es gibt viele Geschichten über fernöstliche Künstler, die auf diesem Gebiet brillieren und mit unglaublicher Präzision genau wissen, welcher Streich zu tun ist. In einer Geschichte wird von einem Meister erzählt, der mit seinen Schülern einen zeremoniellen Teeraum ausschmückte. Da fragte ihn einer der Schüler, wo er den Haken anbringen solle, um eine Bambus-Blumenvase an die Wand zu hängen. Der Meister sagte ganz präzis: „Da hin." So machte der Schüler an diese Stelle ein Zeichen. Nach einiger Zeit wischte der Schüler dieses Zeichen absichtlich weg, merkte sich aber die Stelle mittels einer winzigen Kerbe in der Wand. Dann sagte er zu seinem Lehrer: „Entschuldigung, ich habe vergessen, wo ich die Vase anbringen sollte." Der Lehrer sagte: „Das war hier gewesen", und er legte den Finger ganz genau auf die gleiche Stelle wie zuvor. Diese Art Dinge bewundern die Schüler im Fernen Osten.

Das Grundprinzip, das Tschuang-tse lang und breit erklärt, besteht darin, daß man im Leben nur dann Erfolg hat, wenn man ihn nicht vorsätzlich erreichen will und wenn man nicht versucht, ihn in den Griff zu kriegen. So erklärt er zum Beispiel, die Musik sei durch die fünf Noten ruiniert worden. Er sagt:

Die fünf Noten machen den Menschen taub.
Die fünf Farben machen den Menschen blind.

Er meint damit, daß, wenn man denke, es gebe nur fünf Noten, man nicht hören könne, und wenn man denke, daß es fünf Farben gebe, man nicht sehen könne. Dieses Problem haben wir im Westen mit unserer Musik. Wir haben ein Notensystem, das unsere chromatische Tonleiter genau angibt, und wir können Musik nur innerhalb der Grenzen aufschreiben, die sie uns vorgibt. Doch existieren zahllose feine Zwischentöne zwischen allen unseren Noten. Auch beim Rhythmus ist es so: Wie müssen ihn in Schritte von ganzen, halben, Viertel-, Achtel-, Sechzehntelnoten usw. einteilen, und wir können den Wert einer Note um die Hälfte steigern, indem wir sie punktieren. Aber damit hat sich unsere rhythmische Ausdrucksfähigkeit erschöpft. In der fernöstlichen Musik dagegen gibt es ein endloses Kontinuum von Rhythmus und Ton, und so entwickelt man dort ganz unglaublich komplizierte Rhythmen. Dort erlernt man die Musik nicht mit Hilfe von Noten oder Maßen, sondern vom lebendigen

Körper des Lehrers, wenn er zeigt, wie man ein bestimmtes Instrument spielt. Die Schüler halten sich an den Lehrer, den Menschen, und nicht an die Worte und Symbole.

Es gibt eine völlig absurde Übersetzung des Tschuang-tse von einem Chinesischprofessor in Harvard. Ich bin sicher, dieser Professor ist ein Ex-Missionar, denn er gebraucht ständig das Wort „Gott", obwohl es bei Tschuang-tse für Gott keinen Ausdruck gibt. Der Begriff eines Gottes, wie wir ihn verstehen, war dem taoistischen Denken tatsächlich völlig fremd. Dazu muß man wissen, daß die Missionare die Grundlagen für das wissenschaftliche Studium der chinesischen Kultur gelegt haben. Um die chinesischen Schriften ins Englische übersetzen zu können, mußten sie natürlich Chinesisch lernen, und seither haben sie immer christliches Gedankengut in die chinesischen Klassiker hineingeschmuggelt. Aber der Begriff Gottes im Sinn eines persönlichen Herrschers der Welt ist dem chinesischen Denken völlig fremd. Es gibt den Ausdruck *ch'ien-jan*, der fast denselben Sinn wie *tzu-jan* (Spontaneität oder „Aus sich selbst so sein") hat. Mit *ch'ien-jan* wird etwas bezeichnet, was dank der Macht des Himmels so ist. Mit Himmel oder *ch'ien* wird aber einfach das Universum insgesamt bezeichnet. Schaut man von der Erde auf, die für uns nun einmal die Mitte oder Grundlage ist, dann ist alles im gesamten Rund des Kosmos *ch'ien*, Himmel. Aber bei Tschuang-tse wird mit dieser Vorstellung des Himmels nirgends irgendein persönlicher Herrscher des Universums verknüpft. Übersetzt also jemand *ch'ien* mit „Gott", so vermittelt er einen völlig falschen Eindruck von der Lehre des Tschuang-tse.

An einer Stelle fragt ein Schüler den Meister: „Kann man das Tao so erlangen, daß es einem selbst gehört?" Der Weise gibt darauf zur Antwort: „Schon dein Körper gehört nicht dir selbst, er ist das verliehene Abbild von *ch'ien*." Die Missionare übersetzen das mit „Gott", denn sie haben in der Bibel gelesen, daß der Mensch als Ebenbild Gottes erschaffen ist. Aber der Meister sagt:

Dein Leben gehört nicht dir selbst, es ist das entliehene Abbild des Himmels. Deine Sprossen gehören nicht dir selbst, sie sind die entliehenen Samen des Himmels. Du bewegst dich und weißt nicht, wie. Du ruhst, und du weißt nicht, warum. Das alles bewirken die Wege des Tao. Wie könnte man da also das Tao so erwerben, daß es einem selbst gehört?

Ähnlich heißt es an einer anderen Stelle, wenn ein Betrunkener aus dem Karren falle, möge er sich zwar weh tun, aber er sterbe nicht. Weil sein Geist im Zustand der Sicherheit ist, stößt er sich nicht tödlich an anderem Daseienden. Wenn schon der Wein in solche Sicherheit versetzt, um wieviel mehr dann erst *ch'ien-jan*?

Um was es hier geht, ist die Mühelosigkeit der Übereinstimmung mit dem spontanen Rhythmus des Universums. Im chinesischen Denken gibt es nicht im entferntesten die Vorstellung dessen, was wir als Naturgesetz bezeichnen. Die Bewegungen des Körpers und die Harmonie der Organismen ergeben sich nicht daraus, daß sie irgendeinem Gesetz gehorchen. Die Chinesen kennen zwar eine Art Gesetz, das sie mit dem Wort *tzu* bezeichnen. Es gab eine Zeit, in der die Gesetze auf die Opferkessel graviert waren, so daß die Leute, wenn sie kamen, um ihre Opfer darzubringen, die Gesetze lesen konnten. Manche Weise sprachen sich dagegen aus und sagten, wenn man wolle, daß die Leute die Gesetze in schriftlicher Form kennenlernten, werde das zur Folge haben, daß sie einen Buchstabengeist entwickeln würden. Das heißt, sie würden anfangen, um den genauen Sinn der Formulierungen zu feilschen. Nun, Sie wissen, darin besteht die Arbeit der Juristen. Was die taoistischen Weisen sagen wollten, ist, daß man die Gesetze nicht auf diese Weise schriftlich fixieren solle. Sie beschreiben das Tao als *wu-tzu*, was wir wörtlich als „gesetzlos" übersetzen würden; aber gemeint ist das Transzendieren dieser Art von spezifischem oder positivem Gesetz.

Zu seiner weiteren Erläuterung dieses Prinzips der Gesetzlosigkeit wendet Tschuang-tse einen witzigen kleinen Trick an. Er kleidet seine Weisheit oft in Geschichten um die Person des Konfuzius, was zu allgemeiner Verwirrung führt. So erzählt er uns zum Beispiel, eines Tages habe Konfuzius an einem Fluß gestanden, und ganz in der Nähe habe ein gewaltiger Wasserfall gedonnert. Plötzlich sah er einen alten Mann aus dem Wald kommen, der in den Fluß fiel und im Wasserfall verschwand. So sagte er sich: „Meine Güte, wie schlimm. Wahrscheinlich ein alter, lebensmüder Mensch, der mit allem Schluß machen wollte." Aber im nächsten Augenblick kommt der alte Mann flußabwärts aus dem Wasser und hüpft am Ufer auf und ab. Konfuzius ist außer sich vor Staunen. Er schickt einen seiner Jünger los, um diesen Mann herzuholen, ehe er verschwindet. Als er vor ihm steht, sagt er: „Mein Herr, ich dachte, Sie wollten Selbstmord begehen, und jetzt sehe ich, daß Sie lebend aus diesem Wasserfall herausgekommen sind. Haben Sie eine bestimmte Methode, um das fertigzubringen?" „Nein, ich habe keine bestimmte Methode", sagte der alte Mann, „ich tauche nur mit einem Strudel hinein und mit einem anderen wieder heraus. Ich leiste dem Wasser keinen Widerstand, sondern ich identifiziere mich ganz mit ihm." Weil also dieser alte Mann sich völlig entspannt vom Strom treiben läßt und ihm in keiner Weise Widerstand leistet, geschieht ihm kein Schaden. Er schwimmt mit dem Strom und treibt mit dem Strudel.

Natürlich wird auch in dieser Art Geschichte hier wieder übertrieben, denn tatsächlich handelt es sich beim wahren *wu-wei* oder Loslassen und Nichteinmischen um eine Übertreibung, mit der man den *yin*-Gesichtspunkt hervorhebt, um dem *yang* die Waage zu halten. Entspannung ist angesagt, wenn man zu viel *yang* in sich hat – zu viel vom aktiven Prinzip, das durch das passive Prinzip *yin* ausgeglichen werden muß. Das Problem ist, daß die Menschen in ihrer Sucht, alles im Griff zu haben, zu viel *yang*-Aggressivität entwickeln. Wenn man diese dann mit dem *yin*-Prinzip des Loslassens ausgleichen will, darf man das allerdings nicht zum Beispiel mit der Schlappheit verwechseln. Viele Menschen lassen sich beim Versuch, sich zu entspannen, einfach hängen. Hinzu kommt offensichtlich die Schwierigkeit, daß man beim Versuch, sich zu entspannen, die Pflicht fühlt, sich zu entspannen, wodurch man wiederum verkrampft wird, was zu weiterer Anspannung führt. Ich entsinne mich eines Buchs mit dem Titel *You Must Relax* („Du mußt dich entspannen"). Auf diese Art kann man jedoch nicht zum *wu-wei* kommen. Sobald man pflichtbewußt versucht, sich zu entspannen, ist man gerade dadurch angespannt; man achtet verkrampft darauf, daß die Entspannung gelingt, und ist in Sorge, es könne nicht klappen. Aber wie um Himmels willen kann man sie dann zuwege bringen? Das allererste ist, zu kapieren, daß man überhaupt nichts machen muß. Der alte Mann hat ganz richtig gesagt, es gebe keine Methode dafür. Die Taoisten verwenden dafür den Begriff *wu-tzu*, Gesetzlosigkeit, und sie wollen damit sagen, daß es keine Methode gebe, um das erfolgreich hinzubringen. Alles beruht auf der Vorstellung, oder wie unsere Psychologen sagen: der Einsicht, daß man sich, wenn man losgelöst von allem anderen ist, überhaupt nicht als Quelle und Ursache irgendeiner Handlung betätigen kann. Wenn Sie wirklich erfaßt haben, daß Sie kein losgelöst handelndes Ich sind, dann brauchen Sie gar nicht versuchen, sich zu entspannen. Dann fließt das Tao einfach durch Sie hindurch. Wenn Sie unbedingt wollen, können Sie es ja versuchen, gegen den Strom zu schwimmen, aber es ist natürlich viel einfacher, sich von ihm tragen zu lassen. Das ist genau wie der Fluß der Zeit – Sie können dem gegenwärtigen Augenblick nicht entkommen. Sie können an die Vergangenheit denken, Sie können an die Zukunft denken, aber da Sie dieses Denken in der Gegenwart unternehmen, sind Sie trotzdem unentrinnbar in der Gegenwart. Wir sehen also, der gegenwärtige Augenblick hat etwas Fließendes an sich. Die Zeit verstreicht; das Leben geht dahin. Die Uhrzeit ist lediglich ein Maß des Fließens, sie verleiht jedem Augenblick ein tick, tick, tick, tick und zählt diese Ticks. Wir haben schon so viele Ticks durchlebt, aber dennoch ist die reale Zeit kein Ticken, sondern ein Fließen, und sie fließt immer weiter. Es ist faszinierend, wie sie sich bewegt, während ich immer da bin. Gleichzeitig ist sie immer da als ein Jetzt. Aus diesem Jetzt kommt man nie heraus.

Das ist das Prinzip des Fließens. Es ist herrlich einfach. Allerdings kann man sich alle möglichen schlauen Möglichkeiten ausdenken, diese Einsicht vor sich herzuschieben. Man kann sagen: „Ach, das ist etwas sehr Spirituelles, und ich bin auf diesem Gebiet ein unbedarfter Mensch. So werde ich wahrscheinlich noch lange brauchen, bis mir aufgeht, daß das mehr als eine Gedankenspielerei ist." In Wirklichkeit ist das bloß eine Entschuldigung dafür, daß man seine eigenen Kreise zieht und sich nicht auf dieses wunderbare Spiel einläßt. Es gibt alle möglichen raffinierten Wege, davor zu kneifen, und man kann sich dazu auch in recht komplizierte spirituelle Techniken flüchten, oder ins Yoga oder zahlreiche andere Richtungen. Das ist ja ganz in Ordnung, und ich habe auch gar nichts dagegen, wenn Sie das auf später vertagen, sofern Sie das wirklich so haben wollen. Aber in Wirklichkeit ist es natürlich trotzdem immer im Hier und Heute da. Genausowenig, wie Sie dem Jetzt entkommen können, können Sie dem Tao entkommen. Das ist der Witz an der ganzen Sache, und deshalb hat Tschuang-tse diese herrliche Leichtigkeit. Er sagt:

Der Reiher ist weiß, auch wenn er nicht täglich badet.
Die Krähe ist schwarz, auch wenn sie sich nicht mit Tinte anstreicht.

Und deshalb gibt es blonde und braune, dicke und dünne, große und kleine, kultivierte und ordinäre Leute. Selbst im christlichen Lied heißt es:

The rich man in his castle,
the poor man at his gate,
God made them high and lowly
and ordered their estate.

(Den Reichen Mann im Schlosse,
den Armen vor dem Tor,
Gott machte Hoch und Niedrig,
gab jedem seinen Stand.)

Das singen wir heute natürlich kaum mehr, weil unser soziales Bewußtsein inzwischen sehr viel kritischer geworden ist.

Tschuang-tse hat dazu das Folgende beizutragen:

> Die sagen, sie hätten recht, ohne auch entsprechend falsch zu haben, oder sie regierten gut, ohne auch entsprechend schlecht, erfassen nicht das große Prinzip des Universums, noch die Natur der gesamten Schöpfung. Man könnte genausogut vom Dasein des Himmels ohne die Erde oder vom negativen Prinzip *yin* ohne das positive *yang* reden, was eindeutig unmöglich ist. Wer unablässig so weiterschwätzt, ist entweder ein Tor oder ein Schurke.

Natürlich könnte man Tschuang-tse darauf entgegnen, daß auch Toren und Schurken notwendig sind, damit man die Weisen davon unterscheiden kann! Das sagt er selbst mit anderen Worten folgendermaßen:

> Das Reden ist nicht nur ein Hauchen von Atem, sondern man will damit etwas sagen; allerdings kann man noch nicht bestimmen, was gesagt werden will. Geschieht da tatsächlich Rede oder nicht? Können wir sie vom Zwitschern junger Vögel unterscheiden oder nicht?
>
> Wie kann das Tao so verdunkelt werden, daß es einen Unterschied zwischen wahr und falsch gibt? Wie kann Sprache so verdunkelt werden, daß es einen Unterschied zwischen richtig und falsch gibt? Wohin kann man gehen, ohne das Dasein von Tao zu finden? Wohin kann man gehen, ohne unbeweisbare Worte zu finden? Das Tao wird durch unser unzulängliches Verstehen verdunkelt, und die Worte werden durch blumige Ausdrücke verdunkelt.

So kommt es zu den positiven und negativen Aussagen der konfuzianischen und mohistischen Schulen, wo jede bestreitet, was die andere behauptet, und jede behauptet, was die andere bestreitet, so daß am Ende nur Verwirrung herauskommt.

Es ist nichts, was nicht dieses, es ist nichts, was nicht jenes wäre. Was „jenes" (d.h. der andere Mensch) nicht sieht, das kann ich selbst wissen; daher sage ich, „dieses" entspringt „jenem"; und „jenes" entspringt auch „diesem". Das ist die Theorie der Interdependenz von „diesem" und „jenem". Ebenso entspringt das Leben dem Tod und umgekehrt. Möglichkeit entspringt aus Unmöglichkeit, und umgekehrt. Bejahung gründet auf Verneinung, und umgekehrt. Da dies so ist, weist der Weise alle Unterscheidungen zurück und nimmt seine Zuflucht zum Himmel.

Denn man kann es auf dieses gründen, aber es ist auch jenes, und das ist auch dieses. Das Dies hat ebenfalls sein Richtig und Falsch, und das Jenes hat sein Richtig und Falsch; gibt es denn also wirklich einen Unterschied zwischen diesem und jenem oder nicht? Wenn dieses, das Subjektive, und jenes, das Objektive, ohne ihre Entsprechung sind, dann ist das genau die Achse des Tao. Und wenn diese Achse durch die Mitte verläuft, zu der hin alle Unendlichkeiten konvergieren, so verschmelzen positive wie negative Aussagen im Unendlichen Einen. Von da her heißt es, nichts komme dem Gebrauch von Licht gleich.

Die Achse der Gegensätze ist also die Wahrnehmung ihrer Polarität. Ihre Verschiedenheit ist explizit, aber ihre Einheit ist implizit. Es gibt die explizite Verschiedenheit zwischen den beiden Enden eines Stocks, und zugleich die implizite Einheit, die darin besteht, daß sie Enden ein und desselben Stocks sind. Das ist mit der „Achse" gemeint. Die „Achse" des Tao ist sozusagen die „geheime Verschwörung", die zwischen allen Polaritäten und Gegensätzen herrscht. Es gibt die implizite oder esoterische Wahrheit, daß sie zutiefst eins sind. Das Einssein, sei es zwischen Ihnen und dem Universum oder sonst zwischen zwei Polen, ist nicht etwas, das herbeigeführt werden muß. Wenn man es herbeiführen will, unterstellt man, daß es noch nicht existiert, und das nennt man im Zen „der Schlange Beine anhängen" oder „dem Eunuchen einen Bart ankleben" – es ist völlig unnötig. Das Einssein ist Wirklichkeit; es ist schon immer da. Man kann es deutlich sehen, ja kann *fast* den Finger darauf legen und es spüren. Aber wenn man natürlich versucht, nach dem gegenwärtigen Augenblick zu greifen, und zu ihm sagt: „Komm, komm, JETZT!", ist er entfleucht. Je dünner und immer dünner wir den Haarstrich auf der Zeitlinie ziehen, um ganz genau das JETZT auszumachen, desto näher geraten wir schließlich an den Punkt, wo wir es überhaupt nicht mehr sehen können. Aber wenn man den Augenblick sich selbst überläßt und nicht versucht, ihn im Vorbeifliegen zu erhaschen, dann ist er immer da. Man muß ihn nicht kennzeichnen, man muß nicht den Finger auf ihn legen, denn er ist in allem, was ist. Und so dehnt sich der gegenwärtige Augenblick plötzlich aus. Er enthält die gesamte Zeit, die ganze Vergangenheit, die ganze Zukunft, alles. Man muß ihn nie festhalten. Wenn Sie das zu spüren vermögen, dann geht Ihnen auf, daß die Bewegung des Tao genau dasselbe ist wie der gegenwärtige Augenblick: Das, was wir das *Jetzt* nennen, ist das gleiche wie das Tao. Das Tao, der Lauf der Dinge, das ewige Jetzt, die Gegenwart Gottes oder wie immer Sie es nennen wollen – das ist das *Jetzt*! Und Sie können nicht aus ihm herausfallen. Sie brauchen auch nicht hineinzukommen versuchen, denn Sie sind schon immer in ihm! Das ist herrlich. Entspannen Sie einfach, und Sie haben's.

PRAKTISCHE ANLEITUNG
ZUM MEDITIEREN

Die Praxis der Meditation ist nicht eine Praxis im üblichen Sinn, das heißt irgend etwas, was man zur Vorbereitung auf einen künftigen Ernstfall in Wiederholungen übt. Es mag merkwürdig und unlogisch klingen, wenn man sagt, daß die Meditation in der Form des Yoga, Dhyana oder Za-zen, wie sie die Hindus und Buddhisten üben, eine Praxis ohne Zweck – für irgend etwas Künftiges – ist, denn dabei handelt es sich um die Kunst, vollkommen im Hier und Jetzt gesammelt zu sein. „Ich bin nicht schläfrig, und es gibt keinen Ort, wohin ich gehe."

Wir leben in einer Kultur, die völlig von der Illusion der Zeit hypnotisiert ist und in der der sogenannte jetzige Augenblick lediglich als der unendlich dünne Haarstrich zwischen einer alles beherrschenden ursächlichen Vergangenheit und einer mit ihrer Wichtigkeit alles vereinnahmenden Zukunft ist. Wir haben keine Gegenwart. Unser Bewußtsein ist so gut wie ganz von Erinnerungen und Erwartungen in Beschlag genommen. Uns ist gar nicht mehr bewußt, daß es eine andere Erfahrung als diejenige des gegenwärtigen Augenblicks niemals gab, gibt oder geben wird. Daher haben wir den Kontakt mit der Wirklichkeit verloren. Wir verwechseln die Welt, über die man redet und schreibt und die man beurteilt, mit der Welt, die tatsächlich ist. Unsere Faszination für die nützlichen Werkzeuge der Namen und Zahlen, der Symbole, Zeichen, Begriffe und Ideen hat uns ganz krank gemacht. Daher ist die Meditation die Kunst, mit dem verbalen und symbolischen Denken für einige Zeit auszusetzen. Man könnte das damit vergleichen, wie ein höfliches Publikum mit Reden aufhört, wenn ein Konzert anfangen soll.

Setzen Sie sich einfach hin, schließen Sie die Augen und horchen Sie auf alle Geräusche, die zu hören sind – ohne sie zu benennen oder zu identifizieren. Hören Sie ihnen zu, wie Sie sich Musik anhören würden. Wenn Sie merken, daß Ihr verbales Denken nicht aufhört, dann versuchen Sie nicht, es mit Willenskraft abzustellen. Lassen Sie einfach Ihre Zunge entspannt und locker auf dem Unterkiefer ruhen und hören Sie Ihren Gedanken zu, als wären es Vögel, die draußen vor dem Fenster zwitschern, wie ein bloßes Geräusch in Ihrem Schädel. Schließlich legen sie sich von allein, genau wie ein aufgewühlter, schlammiger Teich still und klar wird, wenn man ihn nur lange genug sich selbst überläßt.

Achten Sie auch auf Ihren Atem und lassen Sie Ihre Lungen in dem Rhythmus arbeiten, der ihnen am besten liegt. Dann bleiben Sie eine Zeitlang einfach sitzen und horchen Sie auf Ihren Atem und fühlen ihn. Aber wenn möglich, *nennen* Sie ihn nicht so. Erfahren Sie einfach nonverbal sein Sich-Ereignen. Sie könnten einwenden, das sei keine „spirituelle" Meditation, sondern bloße Aufmerksamkeit auf die „physische" Welt. Doch wenn Sie vom Spirituellen und vom Physischen reden, sind das nur Vorstellungen, philosophische Begriffe. Jetzt aber geht es darum, daß die Wirklichkeit, auf die Sie achten, nicht nur eine Vorstellung ist. Zudem gibt es auch kein „Sie", das darauf achtet. Auch das war nur eine Vorstellung. Können Sie sich selbst horchen hören?

Und dann fangen Sie an, Ihren Atem „herausfallen" zu lassen, langsam und leicht. Zwingen Sie Ihre Lungen nicht, strengen Sie sie nicht an, sondern lassen Sie den Atem auf dieselbe Weise herauskommen, wie Sie sich selbst in ein bequemes Bett fallen lassen. Lassen Sie ihn schlicht gehen, gehen, gehen. Sobald Sie die geringste Anspannung verspüren, lassen Sie ihn als Reflex zurückkommen; ziehen Sie ihn nicht ein. Vergessen Sie die Uhr. Vergessen Sie das Zählen. Lassen Sie das einfach so weitergehen, solange Sie das als Luxus empfinden, den Sie sich leisten dürfen.

Wenn Sie Ihren Atem auf diese Weise gehen und kommen lassen, entdecken Sie, wie man ohne Krafteinsatz Energie erzeugen kann. Zum Beispiel ist einer der Tricks (auf Sanskrit *upaya*), den man verwendet, um den denkenden Geist und sein zwanghaftes Schwätzen zur Ruhe kommen zu lassen, als *mantra* bekannt. Es besteht aus dem Singen von Tönen nur um der Töne und nicht um irgendeines Sinns willen. Fangen Sie daher an, einen einzelnen Ton auf dem langen, leichten Zug des Ausatmens „schwimmen" zu lassen, und zwar auf der Tonhöhe, die Ihnen am wohlsten tut. Die Hindus und Buddhisten haben für diese Übung bestimmte Silben verwendet wie OM, AH, HUM (in China HUNG). Christen bevorzugen vielleicht lieber AMEN oder HALLELUJA, Muslime ALLAH und Juden ADONAI; darauf kommt es nicht an, denn wichtig ist einzig und allein der Klang. Sie können auch wie die Zen-Buddhisten einfach die Silbe MU benützen. Vertiefen Sie sich *darin*, und lassen Sie ihr Bewußtsein tiefer, tiefer, tiefer in diesen Klang hineinsinken, und das so lange, wie Sie keinerlei Anspannung verspüren.

Vor allem seien Sie nicht auf ein Ergebnis aus, auf irgendeine wunderbare Bewußtseinsveränderung oder auf *satori*. Bei der Praxis der Meditation geht es ganz wesentlich nur darum, sich voll und ganz auf das zu konzentrieren, was IST, und nicht auf das, was sein sollte oder könnte. Es geht nicht darum, den Geist ganz leer werden zu lassen oder ihn eisern auf irgend etwas zu fixieren, etwa auf einen Lichtpunkt, obwohl auch das sehr angenehm sein kann, solange man das nicht eisern und verspannt tut.

Wie lange sollte man dabei bleiben? Meinem eigenen und vielleicht unorthodoxen Empfinden nach kann man so lange dabei bleiben, wie man nicht das Gefühl hat, etwas zu erzwingen. Das kann während einer Sitzung leicht bis zu 30 oder 40 Minuten andauern, worauf man dann wieder an der üblichen Rastlosigkeit und Zerstreuung teilnehmen will.

Wenn man sich zur Meditation setzt, ist es am besten, man legt sich dazu ein hartes Kissen auf den Boden, hält die Wirbelsäule aufrecht, aber nicht steif und legt die Hände in den Schoß, mit den Handflächen nach oben, so daß sie leicht aufeinander liegen; dazu kreuzt man die Beine wie eine Buddha-Figur, entweder in der ganzen oder halben „Lotus"-Stellung, oder man kniet und setzt sich hinten auf die Fersen. „Lotus" heißt, daß man einen oder beide Füße mit der Sohle nach oben auf den gegenüberliegenden Schenkel legt. Diese Haltungen sind etwas unbequem, aber sie haben deshalb den Vorzug, Sie wach zu halten!

Im Lauf der Meditation kann es sein, daß Sie erstaunliche Visionen, wunderbare Einfälle und faszinierende Phantasien haben. Sie haben vielleicht auch das Gefühl, daß Sie klarsichtig werden oder daß Sie Ihren Körper verlassen und nach Belieben umherschweifen können. Beachten Sie das alles nicht weiter und achten Sie nur einfach auf das, was JETZT geschieht. Man meditiert nicht, um außergewöhnliche Fähigkeiten zu erlangen, denn wenn es Ihnen tatsächlich gelingen würde, allmächtig und allwissend zu werden, was würden Sie damit anfangen? Es gäbe für Sie keine weiteren Überraschungen mehr, und Ihr ganzes weiteres Leben wäre, als würden Sie mit einer Frau aus Plastik Liebe machen. Hüten Sie sich also vor all jenen Gurus, die ihren Schülern „wunderbare Ergebnisse" und andere künftige Vorteile versprechen. Worauf alles ankommt, ist zu begreifen, daß es gar keine Zukunft gibt, und daß der wahre Sinn des Lebens darin besteht, Augenblicke des ewigen JETZT auszuloten. HALTEN SIE EIN, SCHAUEN SIE und HORCHEN SIE! Oder sollen wir sagen: „Turn on, tune in, and drop in"?

Es wird von einem Mann erzählt, der mit Blumengaben in beiden Händen zum Buddha kam. Der Buddha sagte zu ihm: „Laß sie fallen!" So ließ er die Blumen in seiner linken Hand fallen. Da sagte der Buddha noch einmal: „Laß sie fallen!", und er ließ die Blumen in seiner rechten Hand fallen. Darauf sagte der Buddha: „Laß das fallen, was du weder in der Rechten noch in der Linken, sondern in der Mitte hast!" Da erlangte der Mann auf der Stelle die Erleuchtung.

Es ist ein wunderbares Gefühl, wenn man spürt, daß alles Leben und Sichbewegen ein Fallenlassen ist, ein sich Hingeben an die Schwerkraft. Schließlich fällt die Erde um die

Sonne, und die Sonne ihrerseits fällt um irgendeinen anderen Stern. Die Energie geht den Weg des geringsten Widerstandes. Energie ist Masse. Die Kraft des Wassers folgt ihrem eigenen Gewicht. Alles kommt zu dem, der wiegt.

The practice of meditation is not what is ordinarily meant by practice, in the sense of repetitious preparation for some future performance. It may seem odd and illogical to say that meditation in the form of yoga, dhyana, or za-zen, as used by Hindus and Buddhists, is a practice without purpose — in some future time — because it is the art of being completely centered in the here and now. "I'm not sleepy, and there is no place I'm going to."

We are living in a culture entirely hypnotized by the illusion of time, in which the so-called present moment is felt as nothing but an infinitesimal hairline between an all-powerfully causative past and an absorbingly important future. We have no present. Our consciousness is almost completely preoccupied with memory and expectation. We do not realize that there never was, is, or will be any other experience than present experience.

We are therefore out of touch with reality. We confuse the world as talked about, described, and measured with the world which actually is. We are sick with a fascination for the useful tools of names and numbers, of symbols, signs, conceptions, and ideas. Meditation is therefore the art of suspending verbal and symbolic thinking for a time, somewhat as a courteous audience will stop talking when a concert is about to begin.

Simply sit down, close your eyes, and listen to all sounds that may be going on — without trying to name or identify them. Listen as you would listen to music. If you find that verbal thinking will not drop away, don't attempt to stop it by force of will-power. Just keep your tongue relaxed, floating easily in the lower jaw, and listen to your thoughts as if they were birds chattering outside — mere noise in the skull — and they will eventually subside of themselves, as a turbulent and muddy pool will become calm and clear if left alone.

Also, become aware of breathing and allow your lungs to work in whatever rhythm seems congenial to them. And for a while just sit listening and feeling breath. But, if possible, don't call it that. Simply experience the non-verbal happening. You may object that this is not "spiritual" meditation but mere attention to the "physical" world, but it should be understood that the spiritual and the physical are only ideas, philosophical conceptions, and that the reality of which you are now aware is not an idea. Furthermore, there is no "you" aware of it. That was also just an idea. Can you hear yourself listening?

And then begin to let your breath "fall" out, slowly and easily. Don't force or strain your lungs, but let the breath come out in the same way that you let yourself slump into a comfortable bed. Simply let it go, go, and go. As soon as there is the least strain, just let it come back in as a reflex; don't pull it in. Forget the clock. Forget to count. Just keep it up for so long as you feel the luxury of it.

Using the breath in this way, you discover how to generate energy without force. For example, one of the gimmicks [in Sanskrit, upaya] used to quiet the thinking mind and its compulsive chattering is known as mantra — the chanting of sounds for the sake of sound rather than meaning. Therefore begin to "float" a single tone on the long, easy outbreath at whatever pitch is most comfortable. Hindus and Buddhists use for this practice such syllables as OM, AH, HUM [i.e. HUNG], and Christians might prefer AMEN or ALLELUIA, Muslims ALLAH, and Jews ADONAI: it really makes no difference, since what is important is simply and solely the sound. Like Zen Buddhists, you could use just the syllable MOOO [牟]. Dig that, and let your consciousness sink down, down, down into the sound for as long as there is no sense of strain.

Above all, don't look for a result, for some marvellous change of consciousness or satori: the whole essence of meditation-practice is centering upon what IS — not on what should or might be. The point is not to make the mind blank or to concentrate fiercely upon, say, a single point of light — although that, too, can be delightful without the fierceness.

For how long should this be kept up? My own, and perhaps unorthodox, feeling is that it can be continued for as long as there is no sensation of forcing it — and this may easily extend to 30 or 40 minutes at one sitting, whereafter you will want to return to the state of normal restlessness and distraction.

In sitting for meditation, it is best to use a substantial cushion on the floor, to keep the spine erect but not stiff, to have the hands on the lap—palms upwards—resting easily upon each other, and to sit cross-legged like a Buddha-figure, either in full or half "lotus" posture, or kneeling and sitting back on the heels. "Lotus" means placing one or both feet sole upwards upon the opposite thigh. These postures are slightly uncomfortable, but they have, therefore, the advantage of keeping you awake!

In the course of meditation you may possibly have astonishing visions, amazing ideas, and fascinating fantasies. You may also feel that you are becoming clairvoyant or that you are able to leave your body and travel at will. But all that is distraction. Leave it alone and simply watch what happens NOW. One does not meditate in order to acquire extraordinary powers, for if you managed to become omnipotent and omniscient, what would you do? There would be no further surprises for you, and your whole life would be like making love to a plastic woman. Beware, then, of all those gurus who promise "marvellous results" and other future benefits from their disciplines. The whole point is to realize that there _is_ no future, and that the real sense of life is an exploration of the eternal now. STOP, LOOK, and LISTEN! Or shall we say, "Turn on, tune in, and drop in"?

A story is told of a man who came to the Buddha with offerings of flowers in both hands. The Buddha said, "Drop it!" So he dropped the flowers in his left hand. The Buddha said again "Drop it!" He dropped the flowers in his right hand. And the Buddha said, "Drop that which you have neither in the right nor in the left, but in the middle!" And the man was instantly enlightened.

It is marvellous to have the sense that all living and moving is dropping, or going along with gravity. After all — the earth is falling around the sun, and, in turn, the sun is falling around some other star. For energy is precisely a taking of the line of least resistance. Energy is mass. The power of water is in following its own weight. All comes to him who weights.

Lebensweisheit aus Fernost

Dalai Lama
Der Weg zum Glück
Band 6121
Ethisch handeln, meditativ leben, Weisheit üben – wir alle können zu unserem Glück etwas tun, denn Gelassenheit und Seelenruhe sind jedem möglich.

Dhammapada – Die Weisheitslehren des Buddha
Band 6120
In aufschlussreichen Sinnbildern und kristallklarer Sprache wird der Weg zu innerem Frieden, Achtsamkeit und Gelassenheit aufgezeigt.

Kakuzo Okakura / Hounsai Genshitsu Sen
Ritual der Stille. Die Tee-Zeremonie
Band 6119
Chadô – der »Weg des Tees« – lehrt die Menschen Gelassenheit und intensiven Genuss der einfachen Dinge, inspirierende Stille und Klarheit.

Daisetz T. Suzuki
Das Innerste erfahren – Wesen und Sinn des Buddhismus
Band 6147
Die Quintessenz des Buddhismus – zwischen tiefer Erfahrung und denkerischer Durchdringung. Nirgendwo sonst sind die Grundideen des Zen so klar und überzeugend dargestellt.

Thich Nhat Hanh
Lächle deinem eigenen Herzen zu
Band 6123
Die einfache, tiefe Botschaft aufmerksamer Gelassenheit an alle, die in der Hektik des Alltags beim Gehen schon ans Rennen denken.

Gary Thorp
Zen oder die Kunst, den Mond abzustauben
Band 6118
Jeder Moment des Lebens – ganz normal und doch einmalig – das ist die Haltung, die Gelassenheit in den Alltag bringt.

HERDER spektrum